1020
INTERIOR
—
1020 인테리어

1020 INTERIOR

–

1020 인테리어

초판 1쇄 발행	2014년 11월 1일
초판 2쇄 발행	2015년 3월 19일

지은이	김연정
발행인	이 심
편집인	임병기
책임편집	이세정
기획편집	정사은, 조고은
사진	변종석, 최지현
디자인	안탈리아(Antalya)
마케팅	서병찬, 장성진
관리	이미경

출력	삼보프로세스
용지	영은페이퍼㈜
인쇄	애드그린 인쇄㈜

발행처	㈜주택문화사
출판등록번호	제13-177호
주소	서울시 강서구 강서로 466 우리벤처타운 6층
전화	02-2664-7114
팩스	02-2664-0847
홈페이지	www.uujj.co.kr

정가	16,500원
CIP	2014029629 (http://seoji.nl.go.kr)
ISBN	978-89-6603-019-4

1020
INTERIOR

–

1020 인테리어

–

김연정 지음

주식
회사 주택문화사

PROLOGUE

작은 듯 작지 않은 작은 집

2013년 11월, 두근거리는 마음을 안고 첫 촬영을 진행했다. 기자 생활 9년차에 접어들고 있지만, 처음은 늘 떨리고 설렌다. 그동안 다양한 인테리어 관련 기사를 쓰며, 제대로 된 책 한 권 만들고 싶다는 막연한 꿈을 꾸었다. 그렇기에 두근거림을 안고 시작한 '1020 인테리어'는 개인적으론 그 의미가 남다른 책이기도 하다.

사실 20대일 때는 인테리어에 별다른 감흥이 없었다. 잡지에 나오는 집을 보면 '아, 예쁘다' 정도가 내가 할 수 있는 감탄의 전부였다. 취재를 가서 만난 인테리어 잘 된 집도 나에겐 그저 '남'의 집일 뿐, 그 이상도 그 이하도 아니었다. 그런 내가 관심 목록에 인테리어를 포함하게 된 건 30대에 접어들고 나서다. 언제부턴가 또래 친구들의 대화 속에서 집에 관한 이야기가 상당 부분 차지하기 시작했다. 모두들 큰 집에 대한 로망은 있지만, 현실적인 면적은 그렇지 못했다. 그렇다고 욕심이 없는 건 아니다. 그저 어디서부터 어떻게 시작해야 하는지 막막할 뿐.
크지 않아도 인테리어만 잘 한다면 충분히 넓은 집이 될 수 있고, 남부럽지 않은 집이 될 수 있다. 그것을 알려주는 것이 바로 이 책이 가진 소박한 목표다.

책에 소개된 20곳의 집은 모두 95㎡보다 작은 면적이다. 스스로 팔을 걷어붙이고 인테리어 한 집 10곳과 업체의 도움을 받아 가족만의 공간을 재탄생시킨 집 10곳으로 지면을 채웠다. 비록 넓다고는 할 수 없지만 그 면적에 맞춰 자신들에게 가장 어울리는 맞춤 공간으로 완성해 살고 있는 사례들이다. 실제 취재를 하며 '정말 작은 집 맞아?'라고 되물었던 순간이 많을 정도로, 공간 활용이 잘 된 집들을 모았다. 기존에 나온 인테리어 책을 보며 아쉬웠던, 가장 필요했던 가구와 소품 정보도 담고자 했고, 촬영을 갈 때마다 나 또한 독자 입장이 되어 궁금한 건 일일이 체크하였다.
공간 하나하나 놓치지 않기 위해 최선을 다한 이 책이 단지 예쁜 '남'의 집으로 채운 책이 아닌, '나'의 집을 잘 꾸미기 위해 꼭 봐야 하는 실용서가 되길 바란다.
책이 나오기까지 생각보다 오랜 시간이 걸렸지만, 그동안 군말 없이 묵묵히 기다려준 취재원들께 감사의 말씀을 전한다. '과연 잘 할 수 있을까'란 두려움으로 시작했지만, '잘 될 수밖에 없다'는 확신으로 이 책을 마무리한다.

CONTENTS

1OPY

20PY

66㎡ _ 20년 넘은 낡고 오래된 단층 아파트

어려운 작업 환경에서 탄생한
인더스트리얼 감성의 집

충북 단양에 위치한 오래된 아파트를 본인의 스타일에 맞게 인테리어하고 싶어한 한 예비 신부가 업체로 연락을 해왔다. 평소 인테리어에 관심이 많던 그녀는 다양한 관련 서적을 구독하며, 집을 어떻게 고쳐야 할지에 대한 명확한 기준을 세워둔 똑똑한 클라이언트였다. 이사할 집을 고를 때부터 머릿속에 구성될 공간에 대한 밑그림을 그려놓았고, 첫 미팅 때 직접 만든 구체적인 시안을 내밀었다. 업체는 클라이언트의 확고한 의지에 호기심이 생겼지만, 강원도 원주에 기반을 둔 터라 적은 공사비에 대한 부담과 타지공사라는 모험에 주저했다. 많은 고민과 우여곡절 끝에 계약을 하고, 신뢰를 바탕으로 한 60일간의 기나긴 공사가 시작되었다.

너무 노후한 아파트라 수도배관, 하수관, 전기공사 등 기초적인 부분까지도 모두 다시 작업을 해야 했다. 지방이라 원하는 자재를 현지에서 구할 수 없음도 걸림돌로 작용했지만, 전셋집이 아닌 앞으로 결혼 후 오랜 기간 살 집이었던 만큼 클라이언트가 원하는 것은 가능한 모두 반영하려 노력했다.

작은 면적의 집이 모두 그러하듯, 일단 좁은 공간을 최대한 넓게 활용할 수 있도록 하는 것에 가장 큰 중점을 두었다. 때문에 구조적인 변경은 필수였다. 기존 거실은 평소 오픈키친을 원했던 클라이언트의 바람대로 주방과 이어진 다이닝룸으로 변신했고, 거실에서 작은 방으로 연결된 문은 철거 후 아치형 문틀을 만들어 개방감을 주었다. 모든 문은 목공작업 후 페인트칠로 마감하였다.

실내는 복잡하게 많은 물건을 두지 않고 필요한 가구만으로 공간을 채웠다. 기성품보다는 집에 어울릴 수 있도록 각각 제작한 결과 클라이언트의 취향에 맞는 맞춤집이 완성되었다.

DESIGN : **디자인형태 033-746-2619 www.디자인형태.com**

전체 개보수

기존 주방 및 거실 벽 철거, 몰딩 및 걸레받이, 화장실 개보수, 싱크대 구조 변경, 마루 및 벽지 시공, 전기공사 및
조명공사, 전실 가벽과 중문공사, 발코니 바닥 및 벽 공사, 주방 수도 및 배수관·가스관 구조 변경 공사, 전체 도어
및 내부 새시 철거 및 설치

공사기간 : 60일 / 공사비용 : 34,000,000원

BEFORE

보일러
안방
화장실
주방
발코니
작은방
거실
발코니
전실

AFTER

보일러
침실
욕실
주방
발코니
거실 / 다이닝룸
발코니
방
현관

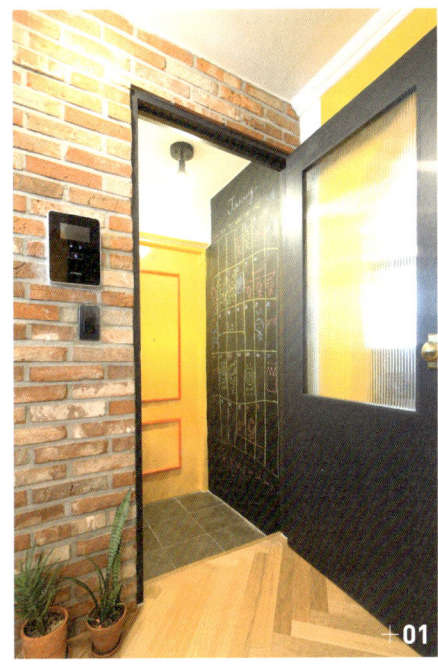

+01

+02

+01

디자인의 연결성을 위해 메인으로 쓰인 옐로우 컬러로 현관문을 마감했다. 한쪽 벽에는 칠판을 만들어 공간에 재미를 더했다.

+02

욕실의 석재 세면대와 타일, 업체에서 직접 제작한 유리 파티션은 집의 전체적인 분위기와 잘 어울린다.

+01

발코니에는 접이식 문을 설치해 필요에 따라 여닫을
수 있도록 했다. 협소한 공간이다 보니 덩치 큰 냉장고
는 발코니로 자리를 옮겼다.

+02

발코니 안쪽에는 세탁기를 두었다. 다른 실들과의 조
화를 생각해 그레이 컬러의 벽지와 옐로우 컬러의 창
틀로 마감해주었다.

+03

내벽의 벽돌마감과 헤링본 바닥, 각 공간의 포인트 컬
러가 어우러져 집 안 곳곳에 인더스트리얼 감성이 묻
어난다.

Interior Sources

Living Room
–
- **벽** 고벽돌타일(세화벽돌)
- **벽지** did벽지(실크)
- **바닥** 구정마루(프라하, 헤링본 시공)
- **조명** 레일조명(인터넷구입)
- **각방 도어** 우딘도어(HDF 소재, 벤자민무어 페인트마감)
- **테이블 / 책 선반 / 소파 테이블** 디자인 제작
  (고재-키엔호, 다리-철공소 제작)
- **불박이장** 디자인 제작(하이그로시)
- **전실** 칠판페인트(올드빌리지)

Kitchen
–
- **바닥** 포르투갈 수입타일(키엔호)
- **벽** 고벽돌타일(세화벽돌)
- **싱크대** 디자인 제작(하이그로시, 인조대리석)
- **후드** 하츠
- **수전** 수입제품

Bedroom
–
- **바닥** 구정마루 프라하(헤링본)
- **벽지** did벽지(실크)
- **페인트** 벤자민무어 페인트(실크벽지 위 덧바름)
- **가구(침대 / 화장대)** 디자인 제작(고재-키엔호)
- **스위치 / 콘센트** 아루(aru)

Bathroom
–
- **타일** 포쉐린 타일(국산)
- **세면대** 돌세면대
- **세면대 하부장** 목공제작 후 페인트(벤자민무어) 및
  본덱스 요트바니쉬 마감
- **수전** 수입(인터넷 구입)
- **파티션** 각 파이프 제작 후 페인트 마감 / 패턴유리
  (모루유리)
- **자바라 거울** 수입(디자이너가 프랑스 출장 중 구매)

Balcony
–
- **벽지** did벽지(실크)
- **바닥** 비오파 엔틱글레이즈 마감

+01 개방감을 살리기 위해 기존 거실과 주방을 가로막고 있던 벽을 철거하고, 'ㅡ'형의 싱크대에 'ㄱ'자 아일랜드장을 설치해주었다. 개인적인 공간 외에는 별도의 문을 두지 않고 거실과의 경계를 없앴다.

+02 낮게 자리한 침대와 유니크한 벽 조명, 빈티지한 화장대와 레드 컬러의 거울까지, 휴식을 위한 침실 공간을 차분하게 채웠다. 남다른 디자인의 침대는 고재를 구입해 업체에서 제작한 것이다.

주방

평소 요리를 즐겨하는 클라이언트가 가장 중요시 했던 공간이다. 기존 거실과 주방을 가로막고 있던 벽을 철거하고, 'ㄱ'자형 아일랜드장을 설계하여 두 공간을 오픈시켰다. 좁아진 거실은 다이닝룸으로 변경하여 주방과의 연계를 도왔고, 부피가 큰 냉장고는 발코니 쪽으로 옮겨 내부 공간을 한층 넓게 사용할 수 있도록 했다.

79.3㎡ _ 공간 활용을 위해 확장한 아파트

서로에 대한 배려가 묻어나는
디자이너 부부의 집

인테리어를 설계하는 아내와 가구를 디자인하는 남편이 각자의 역할을 충실히 해가며 완성한 집이다. 부부는 공사 전부터 각각의 공간 구성을 논의하며 함께 인테리어 디자인을 했다. 1996년 지어진 꽤 연식 있는 아파트를 리모델링하는 것이었기 때문에, 구조를 바꾼다기보다 현재의 평면에서 어떻게 각 공간을 쓰임새에 맞게 계획할 것인가를 고민하였다.

전공을 그대로 살려, 아내는 인테리어 시공을 맡고 남편은 가구 제작과 감리를 맡아 집을 만들어가기 시작했다. 발코니가 넓은 오래된 아파트는 공간효율성이 떨어진다는 판단 아래 모두 확장하기로 결정하고, 철거부터 도장까지 현장에서 하나하나 지휘해 가며 공사를 진행하였다.

부부는 4년이 넘는 연애기간 덕분에 서로의 성격과 생활 패턴을 어느 정도 파악하고 있던 터라, 실제 공사에 다양한 팁을 더할 수 있었다. 가령 남편이 물건을 아무 곳에나 둬서 아침마다 정신없어 하는 상황이 떠올라 현관 파티션에 작은 선반을 달아 자동차 키 등을 보관할 수 있게 했고, 아내가 집에서도 밤샘작업을 하는 경우가 많으니 큰 소파는 생략하고 긴 테이블을 놓아 거실을 작업실로 만들었다. 함께 머리를 맞대고 의논하며 콘셉트를 잡아가는 과정이 지금 생각해보면 가장 설레고 재미있었던 것 같다고 말한다.

안방을 제외한 두 개의 방에 마련된 홈 시어터 룸과 드레스 룸도 각자 가지고 있던 '집에 대한 로망'에 대해 이야기 나눈 결과물이다. 서로를 배려했기에 두 사람 모두가 만족할 수 있는 집을 완성할 수 있었다.

http://gagunam.com

확실한 계획 짜기

만약 개조를 한다면 집에 투자할 수 있는 자금이 얼마나 있는지 제일 먼저 파악하고, 그 예산에 맞게 최대한 효과적으로 인테리어 하는 것이 가장 중요하다. 따라서 공사 전 각 공간을 어떻게 바꿀 것인가를 미리 확실하게 계획하고, 그 후 공사를 시작해야 불필요한 공사비를 줄일 수 있다.

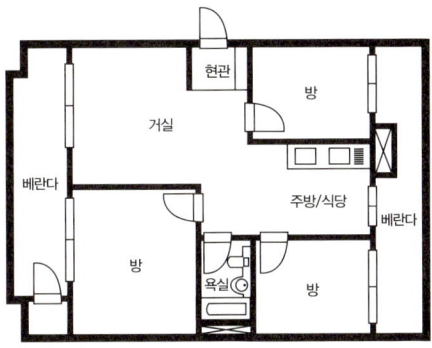

BEFORE

+01

AFTER

+02

+01 +02
깔끔한 현관과 부부가 함께 아이디어를 내어 제작한
철제 파티션. 파티션 가운데는 작은 선반을 달아 나갈
때 꼭 챙겨야 할 자동차 키, 우산 등을 보관할 수 있도
록 했다. 이 디자인은 다른 사람들에게도 추천하고 싶
을 만큼 부부에게 유용하다.

+01

거실에서 바라본 주방 쪽 모습. 안쪽 방에는 수납공간 이 돋보이는 드레스룸을 두었다.

+02

작은 주방을 효율적으로 사용하기 위해 아일랜드 식탁 을 설치했고, 상판을 싱크대와 같은 소재로 맞춰 통일 감을 살렸다. 큰 펜던트 조명은 심플한 주방에 포인트 가 된다.

+03

침실에 자리한 화장대는 카레클린트 제품으로, 거울을 내리면 평소엔 간이용 책상으로 사용할 수 있다.

Interior Sources

Living Room
–

– **거실장** 카레클린트

– **소파** 카레클린트

– **테이블** 카레클린트

– **의자** 카레클린트

– **선반** 카레클린트

– **조명** 포스카리니(루카니체토 Troag)

– **플로어램프** Kaiser Idell

– **스피커** 뱅앤올룹슨

– **커튼** 제작

– **현관파티션** 제작

– **페인트** 삼화 아이사랑 페인트

– **바닥** 진 온돌마루

Kitchen
–

– **타일** MK 타일

– **싱크대** 한샘 키친바흐

– **싱크볼** 한샘 야마하

– **오븐** LG 디오스

– **후드** 일렉트로룩스

– **전기렌지** 클라이네

– **식탁** 카레클린트

– **스툴** 카레클린트

– **팬던트조명** 라이마스 pudding

– **철제 와인랙 / 선반** 제작

Bedroom
–

– **침대** 카레클린트

– **선반** 카레클린트

– **화장대** 카레클린트

– **매트** 챕터원

– **블랭킷** 챕터원

– **침구** 머쉬룸메이트

– **쿠션** 머쉬룸메이트

– **액자 / 포스터** 챕터원

– **보드데크 스툴** 제작(보드는 fsnowpark에서 구매)

+**01** 군더더기를 없앤 따뜻한 느낌의 오크 원목가구와 그레이 톤의 침구로 꾸민 침실은 간결하고 고급스럽다. 러그 위 포인트가 되는 빨간 스툴은 얇은 철제 파이프와 보드데크를 연결해 직접 제작했다.

+**02** 자전거를 놓아둔 베란다 공간에는 조만간 아담한 반신 욕조를 둘 계획이다.

주방

식탁을 놓기도 협소했던 주방 쪽의 베란다를 확장하였다. 냉장고를 빌트인 개념으로 넣고 싱크대 앞에 폭이 좁은 아일랜드 테이블을 제작해서 놓았더니 요리할 때는 작업공간으로 쓸 수 있고, 간단히 식사도 할 수 있어 편리하다. 고민하고 개조한 예쁜 주방 덕분에 요리하는 즐거움을 깨닫는 중이다.

52.8㎡ _ 전망 좋은 곳에 위치한 26년 된 빌라

디자인부터 실제 공사까지,
부부의 땀방울로 완성한 집

서울에 얼마 남지 않은 고즈넉한 동네 중 하나, 연희동. 우연히 들린 중개사무소에서 남편이 원한 뒷
마당과 아내가 원한 전망, 모두를 갖춘 집을 발견했다. 둘이 가진 예산만으로도 충분히 구입할 수 있
었던 곳이라 망설일 필요 없이 바로 계약을 감행했다.

동네 꼭대기에 위치한 26년 된 52.8㎡의 빌라는 누구나 선호할 만한 조건의 집은 아니다. 세월의 흔
적이 묻어나는 외관과 내부구조 등 손댈 곳도 한두 가지가 아니었다. 쉽지 않겠지만 이왕 마음먹은
일, 제대로 고쳐보자며 부부는 의기투합했다. 효율적으로 잘 활용한다면 신혼인 두 사람이 살기에
충분히 넉넉한 공간이 될 수 있었다. 예상보다 집을 저렴하게 구입한 덕분에 최대 2천만원을 예산으
로 잡고 전체적인 집의 이미지와 공사일정, 시공순서를 고민했다. 비용 절감은 물론, 최대한 원하는
스타일을 완성하기 위해 공사 기획, 스케줄 관리, 각 공정의 전문업체 섭외, 현장 관리 등 모든 부분
을 직접 진행하기로 하였다.

먼저 기본 골조를 제외한 모든 부분을 철거했다. 작은 집을 더 답답하게 만드는 낮은 천장을 제거하
고 드러난 박공지붕은 공간을 더 돋보이게 만들어 주었다. 워낙에 작은 공간이라 거실과 안방을 굳
이 나눠 사용하기보다 하나로 통합하여 각 실에 의미를 부여했다. 철거와 미장, 전기배선작업, 창호
교체, 타일마감 등 전문가의 손길을 요하는 작업은 각각 업체를 섭외해 진행하였다. 이밖에 전체 도
장, 주방공사, 뒷마당 데크, 콘센트 및 조명 교체, 방문 제작 같은 디테일한 작업은 두 사람이 한 달
동안 땀 흘려 노력한 결과물이다.

http://anchitecture.blog.me

전체적인 이미지를 파악하라

인테리어를 하기 전, 각 실을 부분적으로 생각하지 말고 전체적인 이미지를 생각해야 한다. 공간의 통일성을 우선시하고 꼭 필요하다고 여겨지는 부분에만 포인트를 준다. 인테리어가 어렵다고 하는 사람들이 많은데 오히려 내 집을, 내가 하고 싶은 대로, 직접 꾸밀 수 있다는 건 무엇보다 재미있고 의미 있는 일이다. 필요한 정보는 거의 모두 인터넷 검색만으로도 다 얻을 수 있으니, 재미를 붙이고 하나둘씩 하다보면 나만의 집을 완성할 수 있을 것이다.

텃밭
보일러실
작은방 화장실 주방
현관
거실 안방

› BEFORE

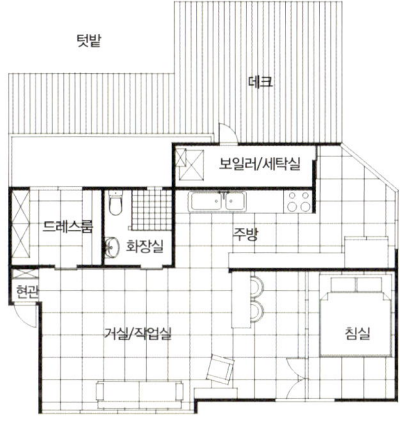

텃밭
데크
보일러/세탁실
드레스룸
화장실 주방
현관
거실/작업실 침실

› AFTER

+01

+01

현관 입구 쪽 모습. 천장을 들어내고 나서 발견된 작은 공간은, 그 모습 그대로 살려 작은 그림 등을 놓아두었다.

+02

욕조를 놓기도 파티션을 치기에도 작은 욕실이라, 세면기와 양변기가 놓일 부분만 벽돌 하나만큼 단을 올려 쌓아 특별한 장치 없이 샤워 공간을 마련했다.

+02

+01

02

+03

+01
기존에 있던 싱크대의 상부장을 떼어내니, 뒷마당이
보이는 숨어 있던 창문이 발견되었다.

+02
화이트 타일과 조화를 이룬 블랙 싱크대는 부부의 의
견을 반영하여 주문 제작해 완성한 것이다.

+03
주방과 연결된 공간. 천장과 가벽 철거를 통해 뒷산과
연결된 마당의 나무들이 창 너머 풍경을 만들어낸다.

Interior Sources

Living Room
–

- **벽** 삼화 친환경페인트(흰색/반광)
- **바닥** 600×600 수퍼화이트 유약 폴리싱 타일
- **커튼** 이케아
- **대리석 테이블** 인터넷
- **소파** 찰스퍼니처
- **소파 쿠션** 자체 제작
- **1인용 리클라이너** 까사미아
- **찬넬** 손잡이닷컴(자체 제작)
- **찬넬 위 액자** VICO
- **카펫** 이케아
- **방문 / 슬라이딩도어** 자체 제작
- **신발장** 씽크공장
- **신발장 위 자석철판** 이케아
- **조명** 방폭등 이용(자체 제작)
- **액자** VICO
- **측면 벽 작업대 행거** 이케아
- **책상 다리** 인터넷 주문 제작
- **책상 상판** 나무모아

Kitchen
–

- **하부장** 씽크공장
- **상판** 나무모아
- **그릇장** 이케아
- **벽 그릇 행거** 이케아
- **그림** VICO
- **캣타워** 자체 제작
- **보관함** BRUTE

Bedroom
–

- **조명** 까사미아
- **화분** 직접 구입(고속터미널)
- **그림** VICO
- **침대** 라비코
- **침구** 자체 제작
- **커튼** 이케아
- **거울** 까사미아

Bathroom
–

- **도기** 재사용
- **커튼 / 커튼봉** 이케아
- **수건걸이 / 화장품 선반 / 욕실용품 코너선반** 이케아

Terrace
–

- **어닝** 연우시스템
- **선반장** 이케아
- **야외테이블** 홈플러스

+01 +02 거실과 침실 사이 벽을 없애고 설치한 블랙 프레임의 유리문 너머로 두 사람만의 아담한 침실이 자리한다. 높은 천장까지 닿지 않은 파티션 형태의 유리문에는 같은 컬러의 블라인드를 달아주어 부부의 프라이버시를 고려하였다.

Master's Pick

테라스

이 집을 처음 만났을 때부터 가장 마음에 들었던 공간이다. 숲에 가려 있던 작은 뒷마당을 다듬고 정비한 다음 데크를 깔아주었더니 야외활동이 가능한 부부만의 공간이 덤으로 생겼다. 지인들과 모여 식사를 하기도 하고, 가끔은 텐트를 치고 밤을 지새우며 서로 이야기를 나눌 수 있는 곳이다.

83.4㎡ _ 반려동물이 함께 사는 아파트

각자의 생활패턴과
가족 간의 소통을 고려한 집

고양이 한 마리와 젊은 부부가 함께 사는 집이다. 그동안 인테리어 업체 블로그를 자주 방문하며 신혼집을 어떻게 꾸밀까 고민해왔던 두 사람이 상담을 청해왔고, 서로의 생각을 공유하다보니 공감대가 형성되어 바로 계약이 이뤄졌다. 공사를 시작하기 전 미리 가족의 라이프스타일을 파악하고자, 업체는 두 사람과 자주 만나 여러 가지 이야기를 나누었다. 일단 부부가 요구한 사항은 간단했다. 같이 동거할 고양이에 대한 배려와 각 공간은 제 기능만 할 수 있도록 깔끔하게 배치되는 것 정도였다. 결론적으로 각 공간에 역할을 부여하되, 때로는 함께 때로는 독립적인 공간으로 사용할 수 있도록 계획해야 했다.

보통 집에서 제일 큰 방을 안방으로 사용하는 것과 달리, 부부의 생활패턴을 고려해 방 안에 가벽을 세워 공간을 나누고 드레스룸과 서재 및 작업공간으로 각각 구분했다. 안쪽에는 작은 욕실을 두었기 때문에, 샤워를 마친 후 옷을 입고 자연스레 출근 준비를 할 수 있는 동선이 된다. 반대편에는 재봉틀을 놓아 아내만의 취미공간을 만들고, 창 쪽으로 수납이 가능한 벤치를 설치해 부부가 서로 소통할 수 있는 공간을 마련했다. 침실은 잠만 잘 수 있으면 된다는 부부의 뜻에 따라 다른 동선과 겹치지 않는 작은방에 배치하고, 침대는 넓은 평상을 제작하여 매트리스를 올리되 남은 공간에는 이동이 가능한 책상을 두어 공간 변형이 가능토록 하였다. 기존 안방과 붙어있던 조그마한 베란다는 고양이 배변이 가능한 공간으로 배치시켰다. 문 아래쪽에 또 다른 작은 문을 만들어 고양이가 자유롭게 지나다닐 수 있게끔 하여 반려동물과 함께 하는 부부의 집이 마무리되었다.

DESIGN : **홍예디자인 031-501-0856 http://blog.naver.com/only3113**

Interior Process

전체 공사

철거공사, 설비공사, 전기공사, 목공사, 페인트, 수장공사, 타일공사, 가구 시공 등
공사기간 : 30일 / 공사비용 : 약 40,000,000원(가구 제외)

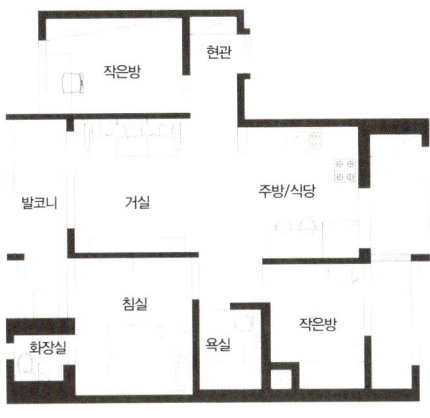

작은방
현관
발코니
거실
주방/식당
침실
작은방
화장실
욕실

BEFORE

작은방
현관
거실
주방/식당
서재
다용도실
욕실
드레스룸
욕실
침실

AFTER

+01

+02

+ 01

다양한 패턴의 타일로 바닥 마감을 한 현관. 사선 모양
의 벤치 겸 선반을 제작하였고, 아기자기한 센서등으
로 포인트를 주었다.

+02

베란다 확장 면에는 공간에 생기를 더해줄 식물을 두
어 미니 정원을 만들었다. 애초에는 고양이가 놀 수 있
는 선반으로 계획된 공간이다.

+01

기존 안방은 서재 겸 작업실, 드레스룸, 욕실이 모두 갖춰진 공간으로 탈바꿈했다. 한 벽 전체에 선반을 설치하여 책과 소품의 수납을 도왔다.

+02

작업실 가벽 뒤로 마련된 욕실과 화장대 공간. 반신욕과 간단한 샤워가 가능하도록 디자인되었다.

+03

침대를 평상으로 제작하고 평상 위 책상은 이동 가능토록 해 아이가 태어나면 아빠, 엄마와 함께 할 수 있는 공간을 확보하였다.

Interior Sources

Living Room

—

- **벽지** did 5505-1
- **바닥** 구정강마루 메이플
- **소파** 스타일K 프랭키 레트로
- **소파 쿠션** 주미네
- **소파 테이블** 리바트 이즈마인 무니 티테이블
- **커텐** 주미네
- **TV장** 찰스퍼니처
- **고양이 선반** 디자인 제작
- **고양이 문** 디자인 제작
- **스위치** 마켓엠

Kitchen

—

- **식탁의자** 1300K 펜시체어-W2297 화이트
- **타일** 팀세라믹(수입산)
- **싱크대** 디자인 제작
- **싱크대 수전** 로얄토토 RKSP20BV1
- **싱크볼** 한샘 클린씽크볼 CSQ830
- **식기건조대** 러버메이드 식기건조대
- **커튼** 주미네(허니콤 연그레이 투톤)

Bedroom

—

- **평상침대** 디자인 제작
- **낮은 테이블** 디자인 제작
- **헤드 위 선반** 디자인 제작
- **커텐** 주미네
- **침구** 마틸라

Study Room & Dress Room

—

- **책상** 스윙잉런던 모즈팝 테이블 민트
- **책상 위 선반** 디자인 제작
- **헤드 위 선반** 디자인 제작
- **찬넬** 디자인 제작
- **조명** 엠라이팅(을지로)
- **미닫이 수납 벤치** 디자인 제작
- **커텐 / 쿠션 / 방석** 주미네
- **타공판** 디자인 제작
- **붙박이장** 디자인 제작
- **화장대** 디자인 제작
- **패브릭 바구니** 락앤락몰 린넨바구니
- **거울** 1300K 아크릴 구름거울

Entrance

—

- **원목 키큰장 및 삼각 벤치** 디자인 제작
- **조명** 엠라이팅(을지로)
- **바닥타일** 팀세라믹(수입산)

Bathroom

—

- **양변기** 아메리칸 스탠다드 모멘트
- **세면대** 대림 CL-350
- **타일** 팀세라믹(수입산)

+01 함께 사는 고양이를 배려해, 베란다 쪽 문 아래 따로 또 작은 문을 만들어 주었다.

+02 뒷베란다에는 덩치 큰 세탁기를 두고, 작은 집에 꼭 필요한 수납공간을 마련해두었다.

+03 클라이언트의 바람대로 거실을 바라볼 수 있고 식탁과 마주할 수 있는 대면형의 넓은 주방을 디자인했다.

주방

덩치 큰 냉장고를 뒷베란다 확장면으로 보내고, 조리공간이 넓은 'ㄷ'자형으로 주방을 계획하였다. 무엇보다 싱크대의 위치를 거실로 향하게 하여, 아내가 주방에서 요리 준비를 하면서도 거실에 있는 가족과 소통이 가능한 공간을 완성했다. 또한 산뜻함을 더해주는 옐로우 컬러의 타일로 주방에 힘을 주었다.

49.5㎡ _ 싱글남의 투룸 오피스텔

아틀리에를 품은
주거공간으로 재탄생한 집

건물 3층에 위치한 투룸을 리모델링한 프로젝트로, 2주간의 설계와 2주간의 시공으로 완성되었다. 이미 한차례 리모델링이 진행되었던 곳이지만 동선을 고려하지 않은 공간 배치로 개선이 필요했던 상황. 하나의 공간을 각 역할에 따라 어떻게 배치를 할 것인가가 이 집에서 풀어야 할 숙제였다.

같은 건물 지하에서 뮤직스튜디오를 운영하고 있는 집주인은, 직업 특성상 주거공간이지만 음악 작업을 겸할 수 있는 아틀리에 느낌의 집이 되길 바랐다. 또한 오피스텔 형태의 투룸을 원룸으로 개조하되, 포인트 컬러를 사용하여 차별화하고자 했다.

혼자 생활할 공간이기 때문에 굳이 벽과 문으로 공간을 막을 필요는 없었다. 답답했던 가로막힌 벽들은 모두 허물고, 한쪽 벽 전체를 고벽돌로 포인트를 주어 거칠지만 따뜻한 느낌을 살렸다. 기존에 있던 책장은 파티션으로 활용하여 프라이빗한 침실과의 경계를 나누고, 거실과 침실을 잇는 고벽돌 벽면에는 빈티지한 포스터와 새로 구입한 가구들을 배치하여 영역은 구분했으나 열려있는 구조로 계획했다. 이는 클라이언트의 라이프스타일을 반영한 것으로, 어디서나 음악 작업을 할 수 있도록 배려한 부분이다. 현관에 들어서자마자 거실이 훤히 보이는 것을 방지하기 위해 신발장과 연계한 파티션 벽면을 세워 시선을 차단해주었다. 이 파티션은 거실에서 바라보면 이미지 월의 역할을, 주방에서는 덩치 큰 냉장고를 숨기는 역할을 하며 1석 3조의 효과를 누린다.

발코니 쪽에 있던 주방을 안쪽으로 들이고, 주방이 있던 곳에 욕실을 옮겨왔다. 이를 위해 없었던 배관을 만들고 문을 제작하는 수고도 마다하지 않았지만, 동선을 생각하면 현명한 선택이었다.

DESIGN : **817 디자인스페이스 02-712-1723 www.817designspace.co.kr**

전체 공사

철거, 목공사, 설비(배관이동) 공사, 전기공사, 화장실 공사, 마루 및 타일(화장실, 현관, 주방) 공사, 도장, 가구 제작
공사기간 : 설계 2주, 시공 2주 / 공사비용 : 약 30,000,000원

+ BEFORE

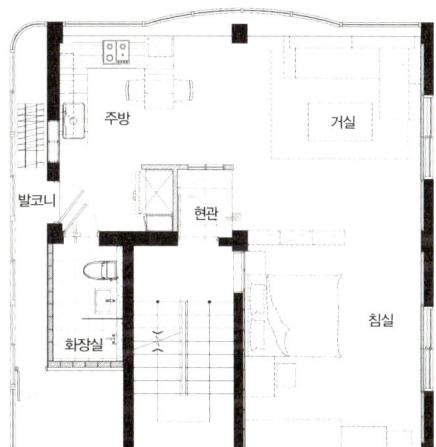

+ AFTER

+01

입구에서 바라본 내부 모습. 파티션을 세워 안쪽 공간
으로의 시선을 차단했고, 현관에는 수납이 가능한 벤
치를 두었다.

+02

발코니 쪽에 있었던 욕실은 배관을 옮겨 주방 옆 공간
을 확보하고 새로운 욕실로 탄생했다.

+01

+02

+01

그린 컬러의 벽으로 공간을 구분해준 침실은, 기존 가구를 그대로 활용하는 대신 소품으로 포인트를 주었다.

+02

붉은 고벽돌 벽면에는 빈지티한 포스터 액자를 걸고 새로 구입한 가구를 배치했다.

Interior Sources

Living Room
–

– **바닥** 쎈마루(오크017)

– **벽** 고벽돌, 삼화 아이사랑 페인트

– **서랍장(검정색 다리)** 가구니

– **스탠드** 가구니

– **소파 / 테이블** 가구니

– **테이블 위 초** 가구니

– **거실 스폿등** 아이램프

– **코끼리의자** 가구니

– **소파 옆 수납장** 가구니

– **시계** 가구니

– **책꽂이 및 함께 있는 소품** 가구니

– **화분** 동구밖 꽃다육 식물원

– **블라인드** 비엔비까사

Kitchen
–

– **타일** 화이트 조적 타일

– **하부장** 스카이블루 LPM

– **싱크대 상판** 원목 마감

– **사다리 장식선반** 가구니

– **조명** 아이램프

Bedroom
–

– **바닥** 쎈마루(오크017)

– **벽** 고벽돌, 삼화 아이사랑 페인트

– **침대 조명** 아이램프

– **새장소품** 아이램프

– **책상 / 의자** 가구니

– **책상 스탠드** 가구니

– **화분** 동구밖 꽃다육 식물원

– **침구** 비엔비까사

– **책 선반** 가구니

– **지구본** 가구니

Bathroom
–

– **타일** 화이트 조적타일

– **욕실가구** 대림 스펙

– **거울** 자체 제작

+**01** 혼자 생활하는 공간이므로 굳이 벽과 문으로 공간을 막을 필요가 없었다. 이러한 이유로, 오픈된 공간에는 기존 책장을 이용해 거실과 침실의 경계만 나누어 주었다.

+**02** 작은 면적에서는 거실과 주방을 연계하여 계획하는 것이 공간은 더 넓게, 동선은 효율적으로 확보할 수 있다.

주방

싱크대에는 답답해 보이는 상부장 대신 나무선반을 두어 깔끔한 주방을 완성하였다. 수납을 고려한 하부장을 계획하고, 스카이블루 컬러로 포인트를 주었다. 싱크대 상판을 원목으로 마감해서인지, 기존에 있던 나무 식탁과도 어색하지 않게 잘 어우러진다.

79.3㎡ _ 3년이 안된 새 아파트

큰 공사 없이 소품으로 포인트를 준
감각적인 집

부부는 남편의 직장 주변을 모색하다, 공기 좋고 조용한 이곳으로 이사를 왔다. 집을 구할 때 가장 중점을 둔 부분은 시야가 가려지지 않는 탁 트인 조망과 언제나 볕이 잘 드는 곳이었는데, 때마침 남서향에 전망 좋은 집이 매물로 나와 주저 없이 이곳을 선택했다. 3년이 채 되지 않은 아파트라 특별히 손 댈 필요는 없었고, 간단히 입주 청소만 한 채 들어오게 되었다.

아무 것도 없이, 이제 이 공간을 무엇으로 채울 것인가가 남은 과제로 다가왔다. 각 실의 구석구석을 사진으로 담고 사이즈를 재면서 인테리어 고민이 밤낮으로 이어졌다.

일단 좋아하는 스타일의 이미지들을 모아보았다. 그런 후, 각 방을 어떤 콘셉트로 진행할지 생각하고 변화와 통일을 고려하면서 아이템을 골랐다. 무엇을 구입하고 무엇을 포기할지에 대한 선택에서는 정말 심사숙고했다. 전셋집이다보니 이 집에 맞는 대부분의 가구들은 저렴한 제품을 선택했지만, 대를 물려서 쓸 수 있는 조명 같은 것들은 과감하게 투자했다. 브랜드는 다르지만 가구는 티크 컬러로 통일했고, 쿠션이나 소품들은 포인트가 될 수 있는 것들로 채웠다. 아내의 탁월한 감각을 믿고 맡겨준 남편 덕분에 특별한 마찰 없이 둘만의 보금자리를 완성할 수 있었다.

면적이 크지 않다보니 작은 주방은 아쉬움으로 남는다. 요리와 홈 파티를 좋아하는 부부의 성격상 큰 주방과 다이닝 테이블의 필요성을 느끼고 있다는 그들은 이미 다음 이사갈 집의 인테리어를 머릿속으로 그리고 있는 중이다.

www.pinknoise.co.kr

소품에 투자하기

신혼집은 이사를 다녀야 하는 전세인 경우가 많고, 아이가 태어나면 가구를 바꿔야 하는 경우도 종종 흔히 있다. 때문에 오래 쓸 수 있고 포인트가 되는 소품들에 더 투자를 하는 것이 좋다. 제한된 예산 안에서 집을 꾸며야 한다면 선택과 집중, 변화와 통일은 필수. 본인이 무엇을 좋아하고 싫어하는지 취향을 파악하는 것이 우선이고, 그 다음으론 많이 보는 게 중요하다.

+PLAN

세탁실
주방
작업실
현관
욕실
드레스룸
옷장
침실
거실
캠핑룸
베란다

+01

+02

+01

현관 옆에는 붙박이로 시공한 신발장이 있다. 자칫 답
답해보일 수 있어 중문은 따로 설치하지 않았다.

+02

욕실 앞에는 거울과 수납이 동시에 해결되는 아이템을
놓아, 화상내가 차지하는 공간을 줄일 수 있었다.

+01

+02

+01

북유럽 패턴의 러그와 그레이 컬러의 패브릭 소파, 포인트가 되어주는 쿠션이 멋진 조화를 이루는 거실.

+02

집 안에 색다른 생기를 선사하는 아기자기한 식물들로 거실 한켠을 꾸몄다. 천장에 매달린 모빌은 인테리어 용품 편집숍 NNN에서 구입한 제품이다.

Interior Sources

Living Room
—

- **소파** 비앙스
- **러그** 브리타스웨든
- **벽면 거울** 에이치콤마
- **소파 테이블** 헤이(HAY)
- **선풍기** 발뮤다그린팬
- **티비선반** 레뮤 스테이 리붓 거실장 2000
- **모빌** NNN
- **쿠션** 키티버니포니 / H&M HOME
- **흔들의자** 찰스임스 스윙체어
- **커텐** 감성가게
- **조명 / 사람작품** NNN
- **플리플랍시계** 쿤위드어뷰

Kitchen
—

- **You great 머그컵 패키지** mmmg
- **스트링포켓** 루밍
- **냄비** 노다호로
- **전기포트 / 토스터기** 드롱기(해외 직구매)
- **PH50 조명** 몰테니앤씨
- **식탁** 리바트 이즈마인
- **주방도구** OXO
- **도마** 조셉조셉 스테인리스

Bedroom
—

- **침대** 매트리스–템퍼 / 프레임–벤스
- **조명** 이케아

Camping Room
—

- **나무스툴** 메로윙즈
- **그린 러그** 데코뷰 심플 원형러그
- **캠핑의자** 헬리녹스 체어원
- **하이브로우 상자** 어네이티브
- **블라인드** 코자샵
- **선반** 소프시스 위더스 시리즈
- **옷걸이** NNN

Bathroom
—

- **욕실 스텐컵** 다이소
- **욕실 스텐트레이** 다이소
- **스텐비누받침** SSG
- **면봉 화장솜** 무인양품
- **수건** 르베이지
- **스톤 비누받침대 / 용기 / 컵 / 비누** 르베이지

+01

+01 +02 침실과 마주한 작업 공간. 책을 수납하기 위해 한쪽 벽면에 책장을 놓았다. 이곳 역시 그동안 모은 아기 자기한 소품들로 개성 넘치는 공간을 완성하였다. 벽면을 활용한 메모꽂이와 수납보드도 감각적이다.

+02

캠핑룸

캠핑을 좋아하는 남편을 위한 공간으로 꾸민 곳이다. 큰 캠핑 장비들은 창고에 두고 아기자기하고 컬러풀한 캠핑소품으로 공간을 채웠다. 블라인드를 내려 함께 영화도 보고, 차도 마시며 여유를 즐기다보면 어느덧 정말 캠핑장에 와있는 듯한 착각이 들기도 한다. 그러다보니 이곳은 두 사람 모두 이 집에서 가장 좋아하는 공간이 되었다.

76㎡ _ 전체 공사가 필요했던 연식이 오래된 아파트

카페 같은 공간으로 탈바꿈한
트렌디한 디자인의 신혼집

이제 막 결혼한 부부는 전체적인 리모델링을 생각하고, 조금은 오래된 아파트를 신혼집으로 선택했다. 비용적인 측면에서도 효율적이라는 결론에서였다. 평소 인테리어에 관심이 많았던 클라이언트는 인터넷을 통해 마음에 드는 업체 몇 군데를 미리 봐두었다. 집을 계약하고 바로 3~4군데 업체와 미팅을 가진 후, 결혼 전부터 눈여겨보았던 가장 신뢰가 가는 곳으로 결정했다.

큰돈 들여 하는 인테리어인 만큼 업체를 귀찮게 해서라도 원하는 집을 완성하는 것이 중요했다. 공사가 끝난 뒤 아쉬움이 남지 않도록 공간 활용에 대한 아이디어를 틈틈이 내놓았고, 무엇을 원하는지 업체 측에 정확하게 전달하고자 하였다. 이러한 과정을 통해 부부의 라이프스타일이 잘 반영된 깔끔하고 내추럴한 공간이 완성되었다.

기존 체리 빛 몰딩과 문틀 등이 가진 올드한 컬러는 지우고, 신혼집에 맞는 풋풋하고 트렌디한 느낌의 색과 조명을 골랐다. 공간 구성은 두 사람의 생활 패턴에 맞춰진 레이아웃으로 계획되었다.

집의 전체적인 인상을 좌우할 거실은 이것저것 필요한 가구를 모두 넣다보면 자칫 답답해 보일 수 있으므로, 집보다는 아틀리에 분위기가 느껴지도록 꾸몄다. 거실에 TV를 두지 않고 식탁 대용의 큰 나무 테이블을 둔 것도 이와 같은 맥락이다. 현관 좌·우로 애매한 사이즈의 방 2개는 아내를 위한 파우더룸과 드레스룸으로 구성하되, 한쪽은 문틀과 문을 모두 없앤 반오픈형 드레싱 테이블을, 나머지 한쪽은 수납장이 갖춰진 오픈형 드레스룸으로 만들었다. 전체적으로 내추럴한 자재와 따뜻한 블루 컬러를 포인트로 페인팅하여 누구나 머무르고 싶은 만족스러운 결과물을 얻을 수 있었다.

DESIGN : **NORWAYWOOD DESIGN FACTORY** 02-338-5363 www.norwaywood.kr

전체 공사

벽 및 천장 페인팅 공사, 마루 공사(강마루), 욕실 공사, 타일공사, 전기배선 및 조명 설치 공사, 천장 몰딩, 걸레받이 신설 공사, 도어 틀과 도어 리폼 공사, 주방가구(싱크대+세컨드 장), 가구 제작

공사기간 : 3주 / 공사비용 : 25,000,000원대

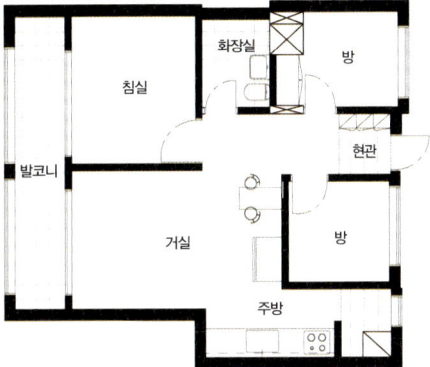

+ BEFORE

침실
화장실
방
발코니
거실
현관
방
주방

+ AFTER

침실
욕실
파우더룸
발코니
거실
현관
주방
드레스룸

+01

+02

+01

침실에서 바라본 현관 측 모습. 장식적인 요소를 배제하고 최대한 깔끔하게 디자인했다.

+02

그레이, 화이트 컬러의 조합으로 완성된 욕실. 따뜻한 조명이 공간을 한층 여유롭게 만든다.

+01 +02

침실은 전체적으로 그레이 도장을 통해 마무리하고 패브릭과 조명으로 스타일을 입혔다. 부부가 편안하게 머물 수 있도록 의자와 은은한 불빛의 스탠드를 마련했으며, 보통 거실에 두는 TV는 안방으로 자리를 옮겼다.

Interior Sources

Bedroom
–

- **침대** 두닷
- **침구** 아름다운공간
- **커튼** 아름다운공간
- **1인 소파** 이프하우스
- **소파 위 패브릭** 텐바이텐
- **스탠드** 인테리어 업체 추천으로 구입
- **서랍장** 까유
- **줄무늬러그** 소소한시작
- **펭귄조명** 텐바이텐

Living Room
–

- **테이블** 내추럴하우스
- **철제의자** 이프하우스
- **쿠션** 소소한시작
- **연두색 의자** Pic2 chair
- **조명** 인테리어 업체 추천으로 구입
- **철제선반** 이케아
- **미니테이블** 소소한 시작
- **나무상자** 까유
- **코끼리 액자** 캔버스뮤지엄
- **러그** 나무가주는침구
- **커튼** 아름다운공간
- **벽** 벤자민무어, 삼화에코페인트
- **바닥** LG Z:IN

Powder Room
–

- **선반 공간(수납+화장대)** 업체 제작
- **거울** 모던하우스
- **철제서랍장** 이케아
- **공간박스** 락앤락
- **서랍장** 업체 제작
- **비틀즈 액자** 캔버스뮤지엄
- **나무스툴의자** 인터넷 구매
- **커튼** 소소한 시작

Kitchen
–

- **ㄱ자 아일랜드장** 업체 제작
- **철제선풍기** 홈플러스
- **소품** 소소한시작
- **나무선반** 업체 제작

Dress Room
–

- **붙박이장** 업체 제작
- **행거** 이케아
- **커튼** 소소한 시작

+**01** 거실에 묵직한 소파 대신 카페 분위기의 다이닝 테이블을 두어 공간의 무게감을 덜고 시원한 개방감을 확보했다.

+**02** +**03** 현관 오른편에 마련된 파우더룸과 왼편의 드레스룸. 수납을 책임져줄 수납장과 붙박이장은 업체에서 디자인하여 딱 맞게 설치해주었다.

주방

함께 요리하기를 좋아하는 부부가 가장 만족하는 공간이 바로 주방이다. 식재료나 기타 소품을 넓게 보관할 수 있는 'ㄱ'자 아일랜드장을 제작해 활용도를 높였다. 싱크대와 바로 뒤돌아서면 놓여 있는 아일랜드장에서 부부가 같이 요리를 할 수 있으니, 좁은 주방이지만 넓게 쓸 수 있어 유용하다.

39.6㎡ _ 골목에 위치한 단층 연립주택

개성 있는 맞춤가구로 꾸민
싱글남의 작은 집

40대 초반의 웹디자이너인 싱글남의 집이다. 이사할 곳을 알아보던 중 오래된 연립주택을 소개받았다. 집 앞으로 작은 마당이 있어, 평소 손재주가 좋았던 그가 가구 제작 등을 하기에 그야말로 안성맞춤인 곳이었다.

처음엔 그저 벽에 페인트칠을 하고, 바닥만 깔끔하게 정리해 살려고 했다. 그러나 집에 들어갈 가구를 하나씩 만들다보니 점점 욕심이 생기게 되었다고. 옷장을 제외한 모든 가구가 그의 작품이다. 싱글만의 생활에 필요한 규모와 패턴을 생각했고, 거기에 그만의 스타일을 반영했다. 많은 컬러보다는 블랙과 화이트를 기본으로, 군더더기 없는 디자인의 가구와 화려하지 않은 심플함으로 공간을 완성하였다. 여기에 직접 발품 팔아 구입한 소품들은 집안에 생동감을 불어넣어준다.

인터넷을 통해 아이디어도 많이 얻었다. 인테리어 관련 블로그에서 예쁜 가구나 조명, 소품을 보면 검색을 통해 비슷한 것을 찾거나 응용해서 만들 수 있는지를 고민하기도 했다.

집을 꾸미며 가장 잘 한 것은 불필요한 것들은 과감히 처분한 점이다. 꾸미기보다는 기존에 있던 것들을 잘 정리하고 수납하여 작은 공간을 효율적으로 사용하고 싶었다는 그의 바람을 담았다. 크지 않은 면적인 만큼 동선에 방해받지 않도록 벽을 따라 가구를 배치하여 공간을 보다 넓게 활용하였다. 또한 컬러와 형태를 통일하여 집 전체가 하나의 스타일이 되도록 노력한 흔적들이 엿보인다.

http://blog.naver.com/motif73

버릴 물건은 과감히 처분하기

멋진 가구, 멋진 소품들을 진열한다고 집이 멋져 보이진 않는다. 불필요한 물건, 쓰지 않고 가지고만 있는 물건들을 버려야 공간이 보인다. 물론 소품과 가구의 힘이 전혀 없다고는 할 수 없다. 하지만 불필요한 요소들보다는 자신의 생활을 잘 표현하고 활용했기에 멋져 보이고 유용하단 생각이 든다. 아무리 비싼 가구를 들이고 소품을 구입한다고 한들 내가 무엇을 가지고 있는지 모르는 상황에선 그것 또한 쓰지 않는 물건이 될 뿐이다.

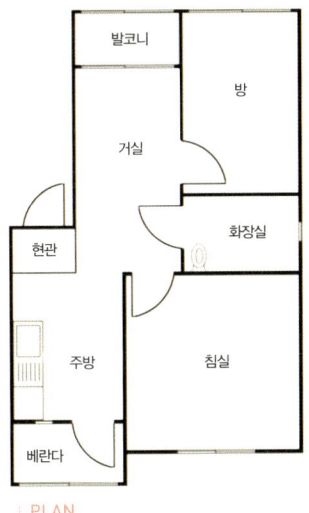

발코니

방

거실

현관

화장실

주방

침실

베란다

╋01

╋02

╋01

원래 수건걸이 용도였던 제품을 응용해 행거로 재탄생
시켰다. 자주 입는 필요한 옷만 걸어 두니 정리도 편하
고 자리도 많이 차지하지 않아 만족스럽다.

╋02

기존에 있던 수납장도 지금의 공간과 잘 어우러진다.
수납장 위 거울 역시 리폼한 제품. 도도한 고양이는 그
의 반려묘 삼식이다.

+01

공간이 넓지 못한 주방도 기성품보다는 가구를 만들어
서 넣는 것이 효율적이었다. 수납장은 MDF를 재단해
페인팅하고, 상판에 원목을 올려 완성했다.

+02

채광이 잘 되도록, 기존 문을 활용하여 유리를 끼우고
컬러를 입혀 새로운 문을 만들었다.

+03

직접 발품을 팔아 구입한 소품들로 공간 곳곳을 채웠다.

Interior Sources

Living Room
–

– **가구** 직접 제작
– **소품** 모두 배낭여행 중 벼룩시장을 이용해서 구매

Kitchen
–

– **수납장** 직접 제작
– **선반** 직접 제작
– **소품** 고속버스터미널 3층 화훼시장 소품가게에서
  하나씩 구매

Bedroom
–

– **침대프레임** 직접 제작
– **수납장** 직접 제작
– **소품** 여행 중 조금씩 사온 것들

Bathroom
–

– **수납장** 직접 제작

+01+02+03 전반적으로 심플한 분위기를 유지한 침실. 침대 프레임 또한 그의 손길이 더해졌다. 좁은 공간을 어떻게 효율적으로 사용할까 고민하다 수납도 가능하고 의자로도 사용할 수 있는 소파를 직접 제작했다. 붙박이 수납장은 침실에 실용을 더하고 디자인을 업그레이드시키는 아이디어 요소다.

주방

주방이라고 하지 못할 정도의 작은 공간이지만, 최대한 심플하게 정리하려고 했다. 수납이 필요하기에 사이즈에 맞춰 수납함을 직접 제작하였다. 싱크대 옆으로 연결된 베란다 쪽 문 또한 원래 없는 창문을 톱으로 잘라 유리를 끼워 넣고, 텍스트시트까지 붙였다. 나름 작은 카페 같은 분위기가 연출되어 아주 만족스럽다.

82㎡ _ 수납 공간이 절실했던 아파트

멋스러운 분위기를 집 안에 담은
네 식구의 내추럴한 집

입구에서부터 카페에 온 듯한 착각을 불러일으키는 이 집은, 젊은 부부와 쌍둥이 아이들이 거주하는 곳이다. 전용면적이 59.9㎡로 크지 않은 집이기 때문에, 리모델링을 계획하며 실용적인 수납공간을 최대한 확보하는 것에 가장 큰 중점을 두었다. 또한 그동안 틈틈이 스크랩한 사진 속 인테리어 요소들을 업체와의 협의 아래 곳곳에 적용해보기로 했다.

베란다를 확장하는 것 외에 구조는 크게 바뀌지 않았다. 화이트와 우드 컬러를 바탕으로, 인더스트리얼 분위기가 물씬 느껴지는 파벽을 시공해 포인트를 주었고, 헤링본 패턴의 마루를 바닥재로 선택해 공간의 단조로움을 덜었다. 거실에는 6인용 다이닝 테이블과 블랙 컬러로 통일감을 준 펜던트 조명, 소파를 배치하여 내추럴하면서도 모던한 분위기를 완성했다. 살림살이가 많은 반면 면적이 좁은 탓에, 현관과 이어진 거실의 한쪽 벽면에는 붙박이장을 두어 평소 짐이 많았던 부부의 고민을 깔끔하게 해결했다. 특히 이 붙박이장은 기존 수납장에 얇게 합판을 덧대어 활용한 것으로, 경제적인 비용으로 만든 동시에 개조한 공간과도 조화를 이뤘다.

리모델링 이후 가장 눈에 띄는 공간은 주방이다. 낮은 파티션 뒤로 수납을 할 수 있는 하부장을 두어 공간 효율을 높였다. 또한 침실에는 원래 있던 벽처럼 맞춤 붙박이장을 짜 넣어 최대한 수납을 많이 할 수 있도록 배려했다. 이밖에 공간마다 채광을 확보해 답답해 보이지 않도록 신경 썼다. 그 결과 차분하고 조용한 부부의 성격이 고스란히 묻어나는 집으로 재탄생했다.

DESIGN : 도노디자인 042-822-6417 www.dono.kr

인테리어 자료 스크랩하기

인테리어를 본격적으로 시작하기 전부터, 커피숍, 레스토랑, 상점 등 인테리어가 독특하거나 적용할 만한 부분들이 있으면 미리미리 사진으로 찍어두었다. 참고사진을 충분히 모으고 업체를 찾아가 본인이 원하는 바를 전달하는 것이 중요하다. 특히, 머릿속에 있는 생각을 말로 이해시키기 어려울 때는 스크랩해둔 사진 자료들이 많은 도움이 된다.

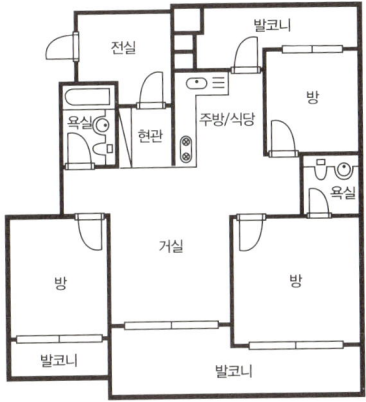

+ BEFORE

+ AFTER

+01

+02

+01
현관문은 레스토랑에서 보았던 문이 마음에 들어 미리 사진을 찍어두었다가, 공사 전 업체와 논의한 후 그대로 적용했다.

+02
자작나무 벽처럼 보였던 부분은 수납이 적은 이 집의 고민을 해결해줄 붙박이장이다. 기존 수납장에 패널을 덧대어 활용하였다.

+01

침실 붙박이장은 가장 마음에 드는 부분이다. 침대에
맞게 제작했는데, 좁은 방을 위한 해결책이라 생각이
들만큼 공간 활용이 잘 되었다.

+02

안방과 연결된 화장실. 기존 여닫이문을 슬라이딩도어
로 교체했더니 공간을 훨씬 넓게 사용할 수 있었다.

Interior Sources

Entrance
–
- **타일** 코토세라믹 HELENA H3621
- **조명** 비비나라이팅
- **신발장** 자작나무 18T, 수성 바니쉬
- **파벽돌** 수입 적고벽돌

Living Room
–
- **마루** 구정마루 프라하 티크
- **식탁조명** 룩스몰
- **조명** LED 매입
- **식탁 / 벤치의자 / 의자 / 거실장** 세덱(에스니크래프트 라인)
- **소파** 스타일K
- **벽지** 개나리실크벽지
- **중문 앞 벽장** 자작나무 패널, 투명 바니쉬
- **칠판** 제작
- **파벽 앞 쌀통** 지관통, 오크통
- **섀시** 블랙 필름

Kitchen
–
- **타일** 엠브라세라믹(AMBRA) 화이트
- **파티션** 다그라스 패널, 밀크페인트
- **상부선반** 미송 집성 24T, Steel
- **싱크대 / 수납장** 화이트 도장
- **도자기 오브제 / 도자기 화병** 조미현 작가

Bedroom
–
- **붙박이장** 화이트 양각도장
- **침대** 까사미아
- **화병** 까사
- **조명** 코콤 LED 크리미

Kids Room
–
- **책장 / 수납장** 한샘몰(샘키즈)

Dress Room
–
- **옷장** 까사온

Bathroom
–
- **타일** 동서 8G15

+**01** 바닥과 가구 컬러를 맞추는 것도 좁은 집을 넓어보이게 하는 팁이 된다. 헤링본으로 시공한 바닥은 화이트 벽과 어우러져 볼수록 고급스러움이 묻어난다.

+**02** +**03** 화이트와 블루가 포인트인 쌍둥이의 방. 아이들의 방인 만큼 다른 공간에서는 볼 수 없던 다채로운 색감을 적용하였다. 아이방 쪽 발코니에는 수납가구를 두어 장난감을 보관한다.

주방

화이트 컬러의 타일과 우드 소재가 어우러진 주방. 이곳에서 가장 눈에 띄는 선반은 커피숍의 인테리어를 참고했다.
주방기구들로 인해 복잡해질 수 있는 모습을 숨기고자 낮은 파티션과 2단 선반을 시공하였다. 덕분에 주방과 거실은
분리시키되, 공간이 좁아 보이거나 답답해 보이지 않는다.

72㎡ _ 4인 가족이 사는 40년 넘은 아파트

안주인의 감각과 열정으로 버무린
늘 변화하는 집

그동안 다양한 스타일로 변신의 변신을 거듭하며 완성한 공간이다. 외부에서 보면 40년의 세월이 고스란히 느껴지는 아파트지만, 집 안으로 들어서는 순간 다른 곳에 와있는 착각마저 들게 한다. 이 집에는 편하게 쉴 수 있고 가족이 행복할 수 있는 공간을 꿈꾼다는 아내와 남편, 그리고 쌍둥이가 함께 산다. 이사 전 이미 수리가 완료된 집이라 인테리어 업체의 특별한 도움 없이 직접 하나둘 고쳐 현재의 집으로 탄생했다.

공간별로 콘셉트에 맞추어 충실하게 꾸몄기 때문에, 둘러보는 내내 지루할 틈이 없다. 전체적인 조화를 잊지 않고 각 공간마다 그에 어울리는 소품을 적절히 배치했으며 포인트 조명과 아트액자, 선반 등으로 공간에 힘을 준 것도 눈에 띄는 부분이다. 쉽게 바꿀 수 없는 벽 컬러와 가구에 주력하고 나머지 아이템은 버려진 소품을 재활용하거나 DIY를 통해 효율적으로 공간을 완성한 것이 그녀만의 숨은 노하우다. 지금은 화이트와 그레이 컬러를 기본으로 북유럽 스타일의 쿠션과 액자, 오브제 등의 데커레이션으로 깔끔한 공간을 연출하는 데 중점을 두었다. 거실에는 소파와 작은 테이블, TV장 외에는 특별한 가구를 두지 않아 심플함을 살렸고, 확장된 발코니 쪽 날개벽에는 책장을 이어지도록 놓아 아이들이 보는 책들을 깔끔하게 정리했다. 주방에는 가벽을 세워 커다란 냉장고를 가려줌과 동시에 식탁이 놓인 자리와 공간을 구분해 정돈된 느낌이 든다. 붙박이장이 들어가 있던 기존 안방은 소장하고 있던 장롱으로 공간을 분할한 후 아이들의 놀이 공간으로 탈바꿈했다. 이밖에 욕실과 부부침실, 작은 작업공간까지도 솜씨 좋은 그녀의 손길이 하나하나 더해진 의미 있는 집이다.

http://blog.naver.com/pjmibbi

유행에 민감하게 반응하지 말 것

집을 변화시키는 것을 너무 조급하게 생각하지 말고, 살면서 조금씩 바꿔간다는 마음가짐으로 천천히 인테리어하길 권한다. 한때뿐인 유행에 민감한 스타일은 금물. 만약 꼭 그런 스타일을 해보고 싶다면, 전체가 아닌 한 부분에 포인트를 주는 것이 좋다. 그렇게 해야 유행이 지나도 다른 스타일로 바꾸기 수월하다.

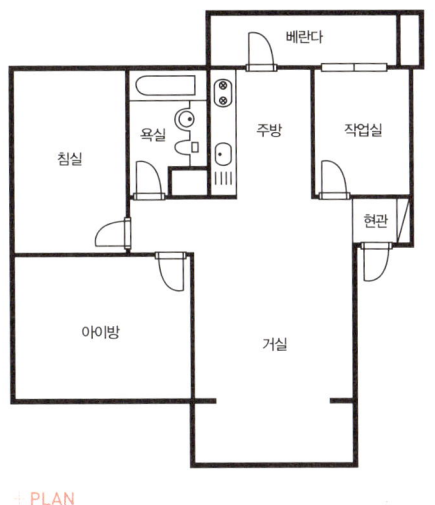

+ PLAN

+01

+02

+ **01**

타일 위 시트지로 멋을 낸 북유럽스타일 현관 바닥과
새로 페인팅한 아이들 신발장, 상부벽에는 가족들의
추억이 담긴 사진액자를 배치했다. 이 모두에 그녀의
손길이 더해졌다.

+ **02**

직접 설치한 욕조부스, 버려진 거울로 만든 원목 프레
임 거울, 만원대의 신발정리대를 리폼해 만든 세면대
하부장으로 전문가 솜씨 못지않은 욕실을 완성했다.

+01

통일감 있는 가구와 차분한 컬러의 베딩이 아늑한 분위기의 부부침실을 만들어 주었다.

+02

그녀의 아지트인 작업실은 크지 않은 만큼 무엇보다 수납에 중점을 두었다. 책상도 좁은 공간에 맞게 새로 제작하였다.

Interior Sources

Living Room

–

– **소파 / 테이블** 이케아, 칼스타드
– **거실장** 더띵팩토리 XM, XA BOX
– **시스템선반** 우드래빗
– **커튼** 텍스월드
– **그 외** 자체 제작

Kitchen

–

– **액자** 빈페이퍼
– **선반** JD Homedressing
– **의자** 까사미아 네빌체어
– **그 외** 자체 제작

Bedroom

–

– **가구** 프란시아
– **커튼** 텍스월드
– **침구** 마마스펀

Bathroom

–

– **샤워부스** 아쿠월
– **페인트** 던에드워드

Kids Room

–

– **페인트** 던에드워드
– **가구** 자체 제작
– **커튼** 텍스월드

Work Room

–

– **가구** 자체 제작

+**01** 책상 앞 벽면에서 직접 제작한 수납함을 걸어 디자인과 실용성 두 마리 토끼를 잡았다.

+**02** 주방 개수대 위에는 요리를 하며 메모할 수 있도록 칠판을 만들었다.

거실

그동안 많은 변화 후 완성된 공간으로, 직접 만든 액자와 선반 등으로 자연스러움을 살렸다. 차분한 그레이 톤의 소파 위 다양한 패턴의 쿠션을 세팅하고, 아이보리 컬러의 카펫을 깔아 아늑함을 더했다. 소품 하나하나 정성이 많이 담긴 만큼, 가장 마음에 드는 장소이다.

49.5㎡ _ 인왕산이 바라보이는 10년차 빌라

편견을 깬 공간 배치를 보여주는
속이 꽉 찬 집

49.5㎡의 면적에 2개의 방과 작은 거실, 주방, 욕실로 구성된 알찬 집이다. 이사 오기 전 클라이언트가 이미 소장하고 있었던 가구들과 잘 어울릴 수 있는 공간이 되어야 했기에, 최대한 집 분위기가 통일될 수 있도록 하는 것에 중점을 두었다. 백지 상태의 공간에 가구를 채워 넣는다는 콘셉트로 자연스러운 어울림을 이끌어내고자 했다.

바닥은 월넛 원목마루로 시공하고, 거실 벽 전체를 시멘트 타일로 마감한 후 화이트 컬러를 입혔다. 벽의 질감을 돋보이게 하기 위해 빈티지한 조명을 설치하여 그 효과를 극대화시켰다.

철거 후 천장 마감상태가 좋지 않아 천장을 노출하기로 한 계획은 무산되었으나, 기존보다 15㎝ 높게 마감한 덕분에 공간 확장 및 개방감을 줄 수 있었다. 또한 꼭 필요한 부분에만 조명을 설치하여 따뜻하고 아늑한 분위기를 연출하였다.

디자인적인 요소들은 거실과 주방에 집중하고, 각 방은 기능적인 측면을 우선에 두었다. 먼저 패션디자인을 전공하는 아내를 위해 작업할 수 있는 공간이 필요했다. 따라서 수납이 더 많이 확보되는 큰 방을 드레스룸 겸 작업실로 활용하고, 작은 방은 오로지 침대만을 배치해 침실의 역할에 충실하도록 했다. 보통 가장 큰 방을 안방으로 사용해야 한다는 편견을 깨고, 적절한 공간 활용을 보여준 예이다.

DESIGN : **817 디자인스페이스 02-712-1723 www.817designspace.co.kr**

Interior Process

전체 개보수

철거, 목공사, 전기공사, 욕실공사, 마루 및 타일(화장실, 발코니, 현관, 거실) 공사, 도배, 가구 제작
공사기간 : 설계 2주, 시공 2주 / 공사비용 : 약 30,000,000원

BEFORE

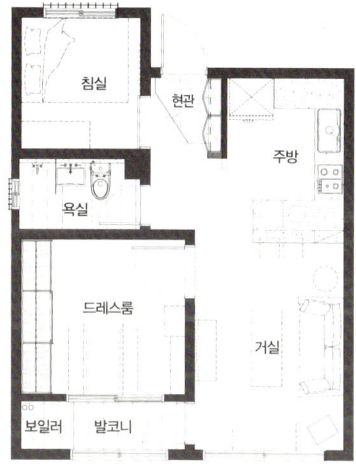

AFTER

+01

+02

+01

신발장에는 전면 거울을 달아 좁은 현관이 확장되어
보이는 효과를 이끌어냈다.

+02

그레이 컬러의 타일로 욕실 전체를 마감하고 흰색 패
턴으로 단순했던 벽면에 변화를 주었다.

+01

작은 면적이라고 밝은 톤의 바닥만이 정답은 아니다. 월넛 바닥을 시공하고 벽돌마감으로 통일했다. 벽의 질감을 돋보이게 하기 위해 빈티지한 조명을 달아 효과를 극대화했다.

+02

현관 한쪽 벽은 수납장을 짜 넣었다. 아래쪽 공간을 띄워 조명을 달았더니 넓어 보이는 효과와 디스플레이 연출까지 가능해졌다.

Interior Sources

Living Room
–

- **소파** 까사미아
- **테이블** 까사미아
- **거실장** 까사미아
- **스탠드** 아이램프
- **천장 조명** 아이램프
- **벽 조명** 가구니
- **쿠션** 비엔비까사
- **커튼** 비엔비까사
- **벽시계** 까사미아

Kitchen
–

- **3인용 의자** 까사미아
- **조명** 아이램프
- **라탄 휴지통** 까사미아

Bedroom
–

- **침대** 까사미아
- **침구** 비엔비까사

Work Room
–

- **테이블** 까사미아
- **1인용 의자** 가구니
- **벤치** 까사미아
- **수납장** 까사미아

+01 안방으로 의도했던 큰 방은 드레스룸과 클라이언트의 작업공간으로 탈바꿈되었다.

+02 +03 현관 쪽 작은 방은 그야말로 침실만의 기능으로 계획했다. 기존 여닫이문을 사용하게 되면 침대와의 간섭
으로 도어가 열리지 않아 슬라이딩 도어로 변경했다.

주방

화이트 컬러를 기본으로, 모던한 블랙 펜던트 조명을 매치해 포인트를 주었다. 식탁 역할을 하는 진그레이 톤의 하부장은 주방과 거실의 경계를 만들었고, 덩치 큰 주방기구를 수납할 수 있어 일석이조의 효과를 얻었다. 싱크대와 하부장 상판은 비안코 천연대리석으로 제작해 세련된 감각을 불어넣었다.

62㎡ _ 국민주택 평면의 아파트

기능과 스타일을 겸비한,
담백한 북유럽풍 집

6개월이라는 넉넉한 시간을 투자해 만든 이곳은 신혼의 단꿈이 쏟아지는 결혼 1년차 디자이너 부부의 집이다. 평소 인테리어에 관심이 많았던 두 사람은, 신혼집인 만큼 직접 팔을 걷어붙이기로 했다. 인터넷과 각종 인테리어 관련 서적으로 열심히 공부하고 팔품 판 덕에, 집은 꽤 만족스러운 결과물로 완성되었다. 지어진지 30년 된 아파트였지만, 다행히 주방이 깔끔한 편이었고 욕실도 이미 수리가 된 상태. 덕분에 크게 손댈 곳은 없었다. 대신 공간 활용도가 떨어지는 평면구성은 부부의 라이프스타일에 맞게 변경하기로 했다. 일단 각 실의 쓰임새와 공간 분위기를 연출할 콘셉트를 결정했다. 전체적으로는 화이트 컬러를 기본으로 삼고, 우드 소재의 가구를 기반으로 곳곳에 소품을 두어 포인트를 주고자 했다. 두 사람 모두 디자이너인 만큼, 3D 도면을 통해 스케일과 공간의 레이아웃을 먼저 확인하고 작업했다. 이는 홈스타일링 과정 중 힘든 수고를 덜어 준 부분이기도 하다. 미리 리스트 업 해두었던 가구와 제품도 공간에 맞게 최종 결정한 후 하나씩 채워나갔다. 이때 자재와 가구 등은 컴퓨터 모니터로 본 이미지와 실제 모습이 상반되는 경우가 많아 웬만하면 오프라인 매장을 방문해 직접 눈으로 확인하고 결정했다. 어느 공간에 매치해도 잘 어우러지는, 아늑하고 편안한 느낌이 드는 우드 소재 가구를 선택한 덕분에 공간별 스타일이 달라도 내부는 전체적으로 통일감이 느껴진다.

개인 블로그에 올렸던, 집의 변신 전후 모습은 '나도 이렇게 바꿔보고 싶다' 는 많은 사람들의 호응을 얻었고, 그래서 지금은 인테리어 스타일리스트로 직업을 전향했다. 자신이 가진 노하우로 누군가의 집을 변화시켜주는 것에 보람을 느낀다는 그녀의 다음 결과물이 궁금해진다.

http://blog.naver.com/revedehome

인테리어 감각 키우기

연출하고 싶은 스타일이 있다면, 그 분위기에 맞는 가구와 아이템들의 배치만으로도 충분히 그 효과를 낼 수 있다. 핀터레스트(Pinterest)나 각종 블로그, 북유럽가구 사이트 등을 통해 공간과 관련된 이미지들을 스크랩하며 인테리어에 대한 감각을 키워보자. 이러한 노력은 실제 작업에서도 큰 도움이 된다.

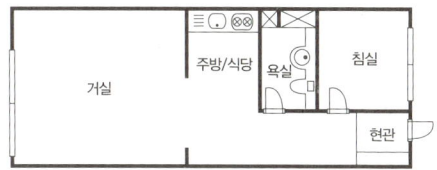

+01

+02

+01

현관에서부터 나무 향이 가득 느껴진다. 신발장 옆에는 나무를 재단해 청소도구를 수납할 수 있는 공간을 마련했다.

+02

별도의 다용도실이 없어 덩치 큰 세탁기는 욕실 안쪽에 자리 잡았다. 수납장도 제작해 소품을 놓아두었고, 평소에는 샤워커튼으로 가려 깔끔하다.

+01

+02

+01

공간을 최대로 활용하기 위해, 벽면에 컴퓨터 놓을 공간 및 진열공간을 만들 선반을 달았다. 가격이 저렴하진 않았지만 좁은 공간에 알맞은 아이템이라 만족한다.

+02

전체적으로는 화이트 컬러를 사용하고, 우드 소재의 가구와 소품으로 포인트를 주었다. 현관에 들어섰을 때 바로 냉장고가 보이는 점을 고려해 블라인드를 설치해 가려주고 펜던트 조명을 달아 시선을 분산시켰다.

Interior Sources

Living Room
–

- **테이블** 예담가구
- **의자** 퍼니매스
- **컴퓨터 선반** 이노메싸 스트링
- **소파 & 소파 옆 테이블** 프랑프랑
- **러그** 파펠리나
- **우드칸칸선반** 디자인자람
- **우드액자** 무인양품
- **조명** 아트인루체

Kitchen
–

- **아일랜드 식탁** 레이디가구
- **분리수거함** 무인양품
- **선반** 스트링포켓
- **냄비걸이** 문고리닷컴
- **조명** 아트인루체

Bedroom
–

- **침대** 만자노
- **화장대** 시세이가구
- **화장대 벽선반** 텐바이텐
- **의자** 찰스퍼니처
- **3단 수납장** 바이헤이데이
- **침대 벽 선반** 무인양품
- **조명** 이케아

Bathroom
–

- **우드선반** 이케아
- **라탄바구니** 한샘
- **조명** 필립스

+**01** +**02** +**03** 스포트라이트 조명이 설치된 주방은 아기자기한 느낌을 살렸다. 싱크대가 일자형이라 작업공간이 부족했기 때문에 아일랜드 식탁을 놓았고, 식탁 위에는 스트링선반을 두어 예쁜 티, 커피, 향신료 등을, 서랍 아래에는 오븐과 밥솥을 넣을 수 있는 공간을 마련하였다.

거실

조금씩 손 안간 곳이 없어 모두 애착이 가지만 그래도 가장 많이 고심했던 거실이 가장 마음에 든다. 마주앉아 디자인에 관련된 대화를 이어나가고, 지인을 초대해 음식을 대접하는 것도 좋아해서 집을 꾸밀 때도 거실에 가장 중점을 두었다. 거실에는 넓은 테이블을 놓아 음악을 들으며 생활하고 작업할 수 있는 카페형 공간을 완성했다.

92.5㎡ _ 보수가 필요한 30년 된 빌라

뚝딱뚝딱! 부부가 함께한,
선택과 집중으로 고친 집

부부는 그래픽디자이너로, 결혼과 동시에 남편의 회사 근처인 서울 이태원에 전셋집을 장만했다. 동네 특성상 오래되고 좁은 빌라가 대부분이라 마음에 드는 집 찾기가 쉽지 않았다. 여러 군데 둘러보다 운 좋게 이 집을 만났다. 그러나 30년이 넘은 빌라다 보니 몇 가지 보수공사는 필수였다.

이사 전 집 안 곳곳을 점검해보았다. 가장 먼저 눈에 띈 것은 각 방의 문. 세월의 흔적이 묻어나는 집은 대부분의 문이 뒤틀려 닫히지도 않는 상황이었다. 게다가 올드한 느낌의 질 낮은 장판이 마음에 걸렸다. 마지막으로 청소를 해도 깨끗해지지 않을 싱크대는, 집에 들어오자마자 시선이 닿는 만큼 무조건 바꿔보자고 계획했다.

먼저 모든 문을 일일이 페인트칠하고 손잡이도 교체해 주었다. 무늬 없는 화이트 컬러의 도배지는 그대로 사용하기로 하고 거실은 강화마루를, 작업실에는 카펫을 깔았다. 싱크대는 업체에 맡길까 고민도 했지만 비용이 만만치 않아 의기투합하여 셀프 시공을 했다. 집을 꾸미며 가장 중점을 둔 부분은 전체적으로 컬러와 소재, 디자인 등을 통일해 서로 어우러지게 톤을 잡는 것이었다. 주방과 거실은 원목과 월넛, 매트한 느낌의 금속 소재를 베이스로 하고, 레드 컬러로 포인트를 주었다. 대신 그 외의 컬러 사용은 최소화함으로써 좁은 공간이지만 넓어 보이는 효과를 냈다. 예산이 넉넉하다면 이것저것 사고 싶은 대로 샀겠지만 아무래도 비용이 한정적이다 보니 선택과 집중을 해 눈에 띄게 크거나 오랫동안 쓸 가구, 제품 등은 가격이 높아도 감수하고 구입했다. 대신 선반이나 책장, 서랍장 등 비중이 적고 내구성을 크게 요하지 않는 제품은 최대한 저렴한 선에서 해결하였다.

http://blog.naver.com/twosets

직접 보고 구매하기

인테리어 소품 구입 시 꼭 눈으로 보고 만져보고 구매하자! 시간적 여유가 된다면 최대한 발품을 팔길 권한다. 사진만 보고 인터넷으로 구입해 받아보면 소재나 디테일에 실망하는 경우가 많다. 직접 보고 구입하면 실패할 리스크도 적고, 무엇보다 사진으론 관심 없던 제품이 오히려 실제로는 괜찮아 두고두고 만족하는 경우도 있다.

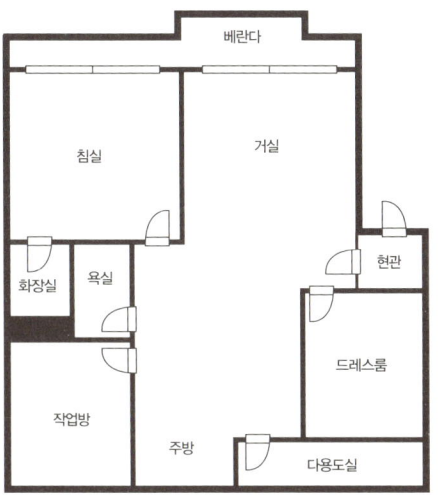

+ PLAN

+01

+02

+01

욕실은 거울과 선반, 장식장 등을 나무 소재로 통일해 설치하고 필요한 욕실용품들을 깔끔하게 정리했다.

+02

가구는 무인양품에서 주로 구입했는데, 너무 비싸거나 없는 제품이 있으면 같은 나무로 제작한 마켓엠 가구를 구입해 재질을 통일하고 밸런스를 맞췄다.

+01

+01

부부의 침실. 이곳도 역시 가구의 재질과 컬러, 디자인 등이 전체적으로 어우러질 수 있게 인테리어의 중점을 두었다.

+02

침대 맞은 편 공간에는 낮은 책장과 책상으로도 활용 가능한 아담한 화장대를 두었다.

Interior Sources

Living Room
–

- **소파 / 소파 테이블 / 스태킹 스툴** 가리모쿠60
- **소파 블랑켓** 키티버니포니
- **사다리** 마켓엠
- **헌팅트로피** 카드보드 사파리
- **스피커** 애플
- **서랍장** 이케아
- **천장 조명** 필립스
- **강화마루** 손잡이닷컴(자체제작)

Kitchen
–

- **그릇장 / 식탁 / 식탁의자 / 서랍장** 무인양품
- **식탁의자** 퍼니매스
- **냉장고** 스메그
- **싱크대 상판 / 선반** 이태원 제비목공소
- **타일** 페인트인포
- **침니후드** 하츠
- **쿡탑** 린나이
- **수도꼭지** 로얄
- **싱크볼** 엔텍 빌트인
- **법랑 식기건조대** 클라시키
- **커피머신** 네스프레소
- **캡슐홀더** 필론
- **토스터** 드롱기
- **스팟 조명** 필립스
- **식탁등** 을지로 애플조명

Bedroom
–

- **침대 / 침구 / 협탁 / 책장 / 휴지통** 무인양품
- **화장대 / 정리박스** 마켓엠
- **AV 랙** 퍼니매스

Work Room
–

- **책상 / 서랍장 / 카페트** 이케아
- **의자** 퍼니매스
- **선반 / 공간박스** 이마트
- **강아지 집** 리첼

Bathroom
–

- **거울 / 선반** 레트로 어반
- **휴지걸이 / 커튼봉** 이케아
- **수건걸이** 클레이샵
- **선반장식장** 마켓엠
- **수건 선반** 이마트

- **+ 스위치 커버** P.F.S(PACIFIC FURNITURE SERVICE)
- **+ 문 페인트** 벤자민 무어 페인트
- **+ 문고리** 문고리닷컴

+**01** 가장 많은 품이 들어간 주방. 식탁등의 원래 선은 빨간색이 아니었으나 추가로 돈을 더 지불하고 교체했다. 집이 원목과 금속 재질에 빨간색 포인트로 이루어져 있어 조명도 그에 맞춘 것이다.

+**02** 주방 옆방에 자리한 부부의 작업 공간. 바닥에는 카펫을 깔아 포근함을 더했고, 선반에는 위트 있는 소품들로 채웠다. 반려견 메시의 집도 이곳에 자리한다.

주방

너무 큰 상부장 탓에 크지 않은 주방이 더 답답해보였고, 싱크대 상판의 상태마저 좋지 않아 개조가 필요했다. 전체적으로 교체하기에는 많은 비용이 들어 타일은 셀프 시공을 하고 상부장만 떼어 상판과 쿡탑, 싱크볼을 바꿔 깔끔하게 정리했다. 이사 갈 때를 염두에 두고 최소의 시공으로 최대의 효과를 내고자 했다.

25PY

84㎡ _ 모던 클래식을 콘셉트로 한 복도식 아파트

부부의 취향을 반영한
블랙 & 화이트로 물든 집

클라이언트는 30대 초반 신혼부부다. 블랙을 유독 좋아하는 부부의 취향을 그대로 반영하여 '모던 클래식'이라는 큰 콘셉트 아래, 전체적인 컬러는 블랙과 화이트로 방향을 잡았다. 그리고 골드나 그레이 컬러를 매치해 포인트를 주기로 업체와 의견을 모았다. 보통 인테리어 공사는 최소 두 달 정도의 여유를 두고 상담이 이뤄지기 마련인데, 한 달의 시간을 앞두고 급하게 들어온 의뢰인 만큼 공사가 진행되는 동안 매일 한 번 씩 현장에서 만나 서로의 의견을 조율했다. 한정된 예산과 짧은 기간만이 주어졌기 때문에 살릴 수 있는 공간은 그대로 두고, 상황에 맞춰 인테리어를 풀어나갔다.

80㎡가 조금 넘는 면적이었으나, 부부는 작은 공간이 더 넓게 보이는 것을 중요하게 생각하진 않았다. 오히려 각 공간마다 가구를 가득 채워, 꽉 찬 느낌을 원한다고 했다. 결국 그 면적대의 일반적인 신혼집의 모습을 버리고 오로지 클라이언트의 취향에 모든 걸 맞춘 집을 완성했다.

하나의 콘셉트 아래 통일감 있는 공간을 구성하기 위하여 모두 같은 스트라이프 패턴을 사용하였다. 변화된 집과 어울릴만한 기존의 침대와 서랍장은 그대로 두고, 이사 오기 전 다른 가구들은 전부 처분했다. 그리고 공간의 특성에 따라 하나씩 가구를 제작해 새로이 스타일링하였다.

오래된 구형 아파트에서 통상적으로 나타나는 데드스페이스는 없애고, 현관에서 욕실까지 혹은 방과 방 사이에서 나타나는 모호한 공간들은 수납용으로 활용하였다. 시공기간은 총 8일. 짧은 기간 안에 완성해야 하는 것이 가장 큰 어려움이었고, 적은 비용으로 최대의 효과를 내도록 하는 것이 가장 큰 관건이었다.

DESIGN : **더디자인 070-4079-0455 www.dsgn21.com**

전체 공사

바닥재(장판), 도배(실크), 조명 · 전기공사, 도장공사, 주방가구 공사, 욕실 공사, 타일공사, 가구 제작

스타일링 : 커튼, 카펫, 의자, 테이블, 소파, 베딩, 거울, 액자 소품

공사기간 : 8일 / 공사비용 : 약 27,000,000원

| BEFORE

+ AFTER

+01

현관문을 열면 여과 없이 들여다보이는 거실과 주방을
피하기 위해 적절히 파티션을 세워 프라이빗한 실내를
구성하였다. 앤티크한 현관 전신거울은 보기 싫었던 두
꺼비집을 가려주는 역할을 겸한다.

+02

펜던트 조명과 화려한 베네치안 거울을 달고 블랙 유
광 욕실장을 제작해 통일감을 유지했다. 좁은 공간이
지만 슬라이딩 투명 샤워부스를 설치했고, 스트라이프
패턴을 입혀 시각적으로 시원해 보인다.

+01

블랙 & 화이트 콘셉트는 고급스럽고 클래식한 분위기를 낸다. 준천장이 없는 구형 아파트이기 때문에 천장고가 일반 아파트보다 높은데, 이런 장점을 부각시키기 위해 천장 몰딩을 2단으로 시공했다. 거실의 소파도 모두 업체에서 직접 제작한 제품이다.

+02

베란다 바닥의 단을 높여 거실과 1:1로 맞추고 벽면은 진한 코발트 블루 컬러로 도장을 해 아늑한 느낌을 준다. 거실 베란다 안쪽에 들어간 애매한 사이즈의 공간에는 원래 가지고 있던 화이트 컬러의 수납장을 위로 쌓아 부족한 수납을 간단히 해결하였다.

Interior Sources

Total
–

– **바닥재(장판)** 한화
– **도배** 실크, 무지
– **조명** 공간조명, 룩스조명, 비비나라이팅
– **목공** 몰딩, 도어, 파티션, 단열, 걸레받이, 웨인스콧
– **도장** 몰딩, 웨인스콧, 걸레받이, 베란다

Living Room
–

– **커튼 / 소파** 디자인 제작
– **글라스 네스트 테이블** 디자인 제작
– **카펫** 디자인 제작
– **블랙 테이블** 디자인 제작
– **팔각 액자** 디자인 제작
– **소품** 디자인 제작

Kitchen
–

– **냉장고장** 디자인 제작
– **수납장** 디자인 제작
– **블랙 테이블** 디자인 제작

Bedroom
–

– **베딩** 디자인 제작
– **커튼** 디자인 제작
– **액자 랙** 디자인 제작
– **사이드 테이블** 디자인 제작
– **스탠드** 룩스 조명

Bathroom
–

– **베네치안 거울** 에반앤엘프
– **욕실장** 디자인 제작
– **타일** 클레이화타일, 동서타일
– **양변기 / 세면대** 유림
– **샤워부스** 제작
– **조명** 비비나라이팅
– **수전** 수입

+**01**

+**01** 하나의 디자인 콘셉트 아래 통일감 있는 공간을 구성하기 위해 스트라이프 패턴을 사용했다. 소파 테이블은 따로 두지 않고, 이동이 용이하고 시야를 가리지 않는 글라스 네스트 테이블을 제작해 배치하였다. 주방의 싱크대는 인테리어 필름으로 시공하고 손잡이를 교체했다. 냉장고장을 새로 시공하고 주방 공간을 구획했다.

+**02** 문도 몰딩과 함께 블랙 컬러로 도장을 하고 포인트로 골드 도어락을 시공해 고급스러운 느낌을 더했다.

+**02**

Designer's Pick

침실

전적으로 수면을 위한 공간이지만, 디스플레이에도 많은 신경을 썼다. 기본 컬러 콘셉트인 블랙 & 화이트를 고수하면서 포인트로 골드를 사용했다. 과감한 크기와 클래식한 스타일의 사이드 스탠드를 두고 동일 지점의 벽에 골드 스트라이프를 매치하여 클라이언트가 원했던 화려함을 보탰다.

85.3㎡ _ 넓은 현관을 가진 리모델링 된 아파트

하얀 도화지 같은 공간에 그려진 따뜻한 온기를 품은 집

입구에서부터 집주인의 남다른 손재주가 하나둘씩 엿보이는 이곳엔 젊은 부부와 각기 다른 성격의 고양이 3마리가 함께 산다. 두 사람은 8년 정도 지낸 첫 신혼집을 떠나, 취향에 맞는 새 공간을 꾸몄다.

앞으로 살게 될 집에는 그동안 꿈꿔왔던 공간을 많이 담고 싶었던 부부다. 직접 하나씩 그려나갈 수 있는 하얀 도화지 상태의 집을 원한 것도 이런 이유 때문. 베란다까지 확장되어 크게 손 댈 곳 없는 기존 구조는 그대로 살리고, 큰 공사 없이 홈드레싱만으로 집을 단장하고자 했다.

일단 벽과 바닥에 새 옷을 입혀주었다. 벽은 살면서 핸디코트나 페인트로 변경할 경우를 대비해 저렴한 합지를 선택하였다. 거실 바닥은 노출시멘트 느낌이 나는 데코타일을, 방은 그레이 톤의 나무무늬 장판을 시공해 하얀 바탕에 풍성한 질감을 살렸다.

거실에 둘 가구를 열심히 찾아보다, 검색해볼수록 원목가구의 가격이 만만치 않음을 깨닫고 고민에 빠졌다. 차라리 스스로 만들어 조금이라도 절약하자는 생각에 나무에 대한 공부도 열심히 했다. 펠트공예를 하는 그녀에게 목공은 그저 이사 후 생긴 취미이지만, 시작한 지 얼마 되지 않았다는 말이 무색하게도 그 솜씨는 여느 전문가 못지않다. 먼저 TV장과 티테이블, 식탁, 스툴을 완성해 거실을 채우고, 다이닝 테이블과 작업방 책상, 찬넬 선반, 현관 신발장 등을 차례로 만들었다. 특히 직접 만든 다이닝 테이블이 놓인 거실은 예전부터 꿈꿔오던 모습이라 정말 만족스럽다고. 버려진 의자를 주워와 세상에 단 하나뿐인 의자를 만드는 등, 알뜰살뜰 재활용한 아이디어도 돋보인다. 조만간 욕실도 리폼해볼 계획이라는 그녀의 인테리어는 지금도 현재진행형이다.

http://npbanana.blog.me

인내심을 가지기

많은 정보를 습득하기 위해 인내심을 가질 필요가 있다. 지인의 경우 인테리어에 관심은 많지만, 컴퓨터 앞에 30분 이상을 앉아있지 못한다고 한다. 자신만의 스타일이 있든 없든 검색이 답이다. 많은 정보를 알면 알수록 요령도 생기고 의외의 인테리어도 나온다. 정보는 또 다른 정보를 만들어 냄을 잊지 말자.

발코니 / 전실 / 방 / 주방/식당 / 현관 / 욕실 / 욕실 / 침실 / 거실 / 작업실 / 발코니

+ PLAN

+01

+02

+01

넓은 전실과 연결된 현관. 옷도 걸어둘 수 있는 선반과
아담한 신발장, 원형 거울까지, 모두 블랙 컬러로 통일
해 깔끔한 인상을 준다.

+02

현관 옆에 위치한 주방 모습. 이사 오기 전, 이미 리모
델링 된 집이라 주방은 조명 정도만 교체하고 크게 손
대지 않았다. 예전 집 세탁실에 있던 선반은 주방으로
옮겨와 제자리를 찾았다.

+01

욕실과 작업실 사이 공간에도 그녀의 손재주가 묻어나는 가구가 놓여 있다.

+02

페인트인포(www.paintinfo.co.kr)에서 반제품을 구입해 만든 조르조수납장. 단조로웠던 하얀 벽면에는 귀여운 일러스트를 붙여주었다.

Interior Sources

Entrance
–

- **거실 현관** 신발장, 선반(이케아), 바닥 데코타일(문고 리닷컴)
- **입구 현관** 신발장(우디포에서 나무재단 후 직접 제작), 블라인드(G마켓), 바닥 데코타일(문고리닷컴)

Living Room
–

- **바닥** 대진 데코타일
- **러그** 이마트 자연주의
- **소파** 리바트
- **조명** 천장, 접이식(까사라이트), 장스탠드(이케아)
- **우드블라인드** 창안애
- **다이닝테이블 의자** 3개(구멍뽕뽕이, 접이식) 이케아, 1개(흰색) 두닷가구
- **티비장, 티테이블** 직접 제작(the diy에서 원목 구매)
- **다이닝테이블** 직접 제작(상판 : 페인트인포, 스틸다리 : 이케아)
- **디스플레이용 의자** 직접 제작(주워온 나무 뼈대에 판자를 이용)
- **캣타워** 직접 제작(목공소에서 삼나무 집성목을 구매)
- **고양이 화장실** 직접 제작(목공소 〈우디포〉에서 삼나무 집성목 구매)

Kitchen
–

- **식탁 및 벤치** 직접 제작(the diy에서 원목 구매)
- **조명** 까사라이트
- **원목선반** 이케아
- **커튼** 어바웃마이홈
- **빈티지 철재 잡지꽂이(2단)** 문고리닷컴
- **레트로수납함 3칸(반제품)** 페인트인포

Bedroom
–

- **장판** KCC
- **침구** 키티버니포니
- **양문 수납장** 직접 제작(주워온 가구로 페인트 리폼)
- **침대 옆 헤드** 직접 제작(침대 해체 후 남는 판재를 페인트 리폼)
- **조르조 수납장(반제품)** 페인트인포

Work Room
–

- **우드블라인드** 창안애
- **조명** 까사라이트
- **소파** 모던하우스
- **철제선반** 이케아
- **의자 2개** 이케아
- **찬넬선반** 페인트인포
- **책상** 직접 제작(상판 : 페인트인포, 스틸다리 : 이케아)
- **펠트수납장 및 벽 선반** 기존 가구 리폼

+ **01** + **02** 펠트 공예를 하는 그녀의 작업방. 방 사이즈에 맞는 나무 판재를 재단한 후 이케아 스틸다리를 사용해 하나뿐인 작업대를 만들었다. 기존에 사용했던 레드소파도 리폼한 것이다.

현관

넓은 창문이 있는 현관은 이사 오기 전부터 마음에 들었던 공간이다. 3마리의 고양이를 키우다보니 고양이가 밖에 나갈 위험을 줄일 수 있는 중문 있는 현관은 안성맞춤이었다. 지금은 직접 만든 원목 신발장으로 꾸며 더 많은 애착이 가고, 특히나 구석 자투리 공간까지 활용한 점은 너무 만족스럽다.

79.3㎡ _ 짐이 많아 공간 활용이 절대적으로 필요했던 빌라

아이를 위한 요소를
곳곳에 숨겨둔 집

서울 홍지동에 위치한 오래된 빌라. 문화 콘텐츠 관련 일을 하는 부부와 아이가 함께할 집이다. 워낙 수집하는 걸 좋아하는 성향의 부부라 짐이 꽤 많은 편이었다. 따라서 79㎡ 공간에 수집한 물건들을 적절히 디스플레이하고, 나머지 짐들은 모두 완벽히 수납할 수 있도록 하는 것이 개조의 가장 큰 관건이었다.

부부가 평소 잘 알고 지내던 디자이너에게 그 임무가 주어졌다. 일단 주방 쪽에 가벽을 세워 현관으로부터 시선을 차단함과 동시에 공간을 정리하고, 주방 동선의 편의성까지 확보하였다. 가벽은 침실에도 세워졌는데, 침대 뒤쪽으로 가벽을 세워 좁지만 제 기능을 다하는 드레스룸을 만든 것. 이 가벽은 침대 헤드의 기능과 작은 액자 등을 디스플레이할 수 있는 선반, 미니 화장대의 역할도 함께 겸한다.

처음부터 고민거리였던 수납의 경우, 거실 한쪽 벽면 전체에 붙박이장을 짜 넣음으로써 아이 장난감과 책 등까지도 깔끔하게 정리할 수 있도록 했다. 기존 김치냉장고가 놓여 있던 자리는 화이트 커튼을 달아 수납공간으로 변신시켰다. 숨은 공간의 수납을 꼼꼼히 체크한 덕분에 문제점의 대부분이 해결될 수 있었다. 거실, 침실 등 각 공간에 딱 맞춘 제작 가구를 배치하여 공간 활용도 적절히 이루어졌다. 천장이 높지 않은 점을 감안해 거실 가운데 큰 조명기구를 설치하는 대신 테이블 위에 작은 펜던트 조명을 두었다. 특히 이곳은 아이와 함께 할 수 있는 공간에 중점을 둔 집이다. 아이 키에 맞춘 아이 방의 문과 곳곳에 제작된 그래픽디자인, 수납장을 제작할 때도 추후 아이 가구(키즈용 주방 싱크대)가 배치될 것 고려해 계획하였다.

DESIGN : **멜랑콜리판타스틱스페이스리타 070-8260-1209 www.spacelita.com**

전체 공사

전체 도배, 전체 강화마루 시공, 전체 도장, 화장실 공사, 주방 공사, 거실 가구 제작, 안방 드레스룸 파티션 제작, 거실 가벽 및 창고 제작, 도어 교체

공사기간 : 3주 / 공사비용 : 약 35,000,000원

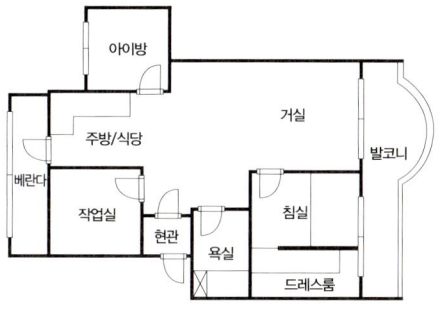

+ PLAN

+01

+02

+01

현관에는 망입 유리를 끼워 넣어 새로 제작한 중문을
마련하고, 시트 커팅으로 클라이언트가 좋아하는 문구
를 넣어주었다. 모노톤의 신발장도 심플한 공간에 힘
을 실어준다.

+02

무난해서 어디에도 잘 어울리는 그레이 컬러의 타일로
욕실을 마감했다. 좁을수록 화이트 계열의 타일을 선
호하는 경향이 있는데, 물때가 잘 보여 관리가 어려울
수 있으니 시공 시 유의하도록 한다.

+01+02

차분한 분위기의 침실에는 비밀 공간이 있다. 바로 가벽을 세워 그 뒤쪽에 드레스룸을 배치한 것. 자칫 버려질 수 있었던 공간을 적절하게 활용한 점이 인상적이다. 이렇게 세워진 가벽은 침대 헤드, 화장대, 선반 등의 역할까지 감당한다.

Interior Sources

Living Room
–

– **테이블** 자체 제작
– **의자** 자체 제작
– **소파** 자체 제작
– **수납장** 자체 제작(레드파인)
– **그림 액자** 후즈갓마이테일
– **조명** 자체 제작

Kitchen
–

– **조명** 자체 제작
– **선반** 자체 제작
– **그림** 후즈갓마이테일

Bedroom
–

– **침대** 자체 제작
– **침구** 자체 제작

+**01** 현관 옆에 자리한 서재 겸 작업방. 특별한 구조 변경 없이 내추럴한 원목가구로 채우고 블랙 컬러의 스탠드를 설치해 단조로움을 피했다.

+**02** 벽을 가득 채운 책장 왼편에는, 부피 큰 아이 장난감을 두려는 클라이언트를 배려해 미리 공간을 비워두었다. 또한 책장 하단에는 서랍을 만들어 작은 장난감 등을 깔끔하게 보관할 수 있도록 했다.

아이방

아이 방은 입구에서부터 남다른 문으로 시선을 사로잡는다. 아이 키에 맞춘 작은 문이 문 안에 하나 더 생겼다. 망입 유리를 끼워 방 안이 들여다보이도록 포인트를 주고, 그 위에 스티커를 붙여 아이 방임을 표시해주었다. 방 안 벽면에 붙인 위트 있는 스티커도 하나뿐인 특별한 조명을 완성해준다.

89.2㎡ _ 새 옷을 입어야 할 20년 된 아파트

블루 컬러를 포인트로 삼은,
실험적인 시도가 엿보이는 집

미술을 전공한 클라이언트는 집을 어떻게 꾸며야 할지에 대한 생각이 명확했다. 직접 그려온 스케치로 업체와의 미팅을 시작하였고, 디자이너가 추천하는 내용들을 반영해 하나씩 공간을 풀어나갔다. 그렇게 앞으로 탄생할 아기와 부부의 3인 가족 인테리어가 완성되었다.

개조 시 가장 중점을 둔 부분은 면적에 비해 많은 살림살이를 적절히 배치함과 동시에, 기존 가구와 맞는 포인트 컬러를 조합하는 것이었다. 먼저 이 집의 마감재는 전반적으로 빈티지한 무드가 잔잔하게 깔렸다. 벽과 천장은 그대로 노출시켰고, 화이트 컬러의 바닥은 거실과 주방, 각 방들까지 집 전체로 이어지며 따뜻하고 안정된 느낌을 선사한다. 공간 곳곳에는 표정을 더해주는 다양한 스타일의 조명과 소품, 거기에 클라이언트의 작품까지 놓아주어 심플한 실내 공간과 자연스럽게 융합되었다.

디자이너와 클라이언트가 공감대를 이룬 블루 컬러는 주방 싱크대와 유리 중문 등에서 그냥 지나칠 수 없는 포인트가 된다. 주방은 냉장고와 김치냉장고 등을 베란다 쪽으로 옮겨둠으로써 넓은 공간을 확보할 수 있었고, 식탁 옆 한쪽 벽에는 선반을 달아 장식적인 요소와 수납 기능을 겸했다.

젊은 부부가 생활하는 공간인 만큼 기능적인 부분에도 초점을 맞췄다. 드레스룸의 경우, 수납에 주목하여 각 벽면에 맞춤형 수납장을 넣어 공간 활용도를 높였다. 특히 제 역할을 하지 못했던 창을 가려 수납공간을 확보하고, 주방 쪽 세탁기가 들어간 상부를 화장대로 사용한 것은 작은 집 내에서 획기적인 발상이라 할 수 있다. 아기가 태어나면 사용하게 될 입구 쪽 방에는 수납이 가능한 2층 침대를 맞춤 제작해 좁은 공간 활용에 도움을 주었다.

DESIGN : **공감디자인 1599-4208 www.ggid.co.kr**

전체 공사

주방 베란다, 주방 확장 및 단열, 벽체 천장 연장, 부분창호 교체, 주방 벽타일, 현관 바닥타일 시공, 욕실 부분시공, 현관 철제 가벽 및 철제 중문 시공, 문 교체, 선반, 몰딩, 벽면 및 천장 도장, 마루 시공, 가구 제작, 전기 조명, 청소
공사기간 : 3주

BEFORE

AFTER

+01

업체가 제작해준 수납장으로 완성한 드레스룸. 짐이
많았던 부부에게 더할 나위 없이 고마운 공간이다.

+02

욕실은 화이트 컬러를 기본으로, 화사한 옐루우 컬러
의 타일을 더해 완성하였다.

+01

+02

+01 +02

한쪽 벽면은 블루 컬러로 마감하고, 그와 대비되는 레드 컬러의 수납장으로 화사함을 더한 부부의 침실이다. 블라인드 앞에는 안주인이 직접 제작한 귀여운 모빌을 달아 공간에 생기를 더했다. 침실이 꽤나 넓었기 때문에 남겨진 공간에는 가로로 긴 선반을 달고 넓은 책상을 놓아 부부가 함께 사용하는 미니 서재가 만들어졌다.

Interior Sources

Living Room
–

- **서랍장** HUE(정자동 주문제작)
- **소파(3+1인)** 스타일K
- **테이블** 퍼니매스
- **그림** 클라이언트 작품
- **3단 원형서랍** Kartell
- **화분** 포터블롤리팝
- **화분 받침** 낡은 의자 페인트 리폼, 도자기(클라이언 트 제작)
- **원형러그** 이케아
- **메인등** 분당 에스비 조명
- **TV** LG
- **오디오** 야마하(YAMAHA)
- **조각품** 클라이언트 작품

Kitchen
–

- **싱크대** 업체 제작
- **그릇** 오사카 그릇시장 & 클라이언트 제작
- **커피머신** 드롱기
- **토스터기** 드롱기
- **믹서기** 한일
- **식탁** 퍼니매스
- **의자** 퍼니매스

Bedroom
–

- **서랍장** 이케아
- **TV 하부장** 이케아
- **서랍장(4단)** Dulton(일본)
- **의자** 스타일K
- **화이트우드블라인드** 업체 제작
- **벽걸이 조명** 비비나라이팅
- **향초램프** 양키캔들(Yankee Candle)
- **책상** 퍼니매스
- **침대** 분당 주택전시관 포룸(주문 제작)
- **작은 테이블** 퍼니매스

Kids Room
–

- **벙커침대** 업체 제작
- **상부책장** 공감제작
- **4단 서랍장** Dulton(일본)
- **공룡 러그** 프랑프랑(일본)
- **바스키아 러그** 프랑프랑(일본)

Dress Room
–

- **전체 가구** 업체 제작
- **옷걸이 봉** 업체 제작
- **접이식 사다리** costco
- **카메라 보관함** 굿스굿

+ 마루 구정 맥시강 빈티지 화이트

+**01** 미술을 전공한 클라이언트의 작품과 소품들이 더해진 거실은 작은 갤러리에 온 듯한 착각을 불러 일으킨다.

+**02** +**03** 현관 옆에 자리한 아이 방. 공간이 협소한 만큼 많은 가구를 두기보다 침대와 수납장이 합쳐진 맞춤가구
를 제작해 공간을 알뜰하게 활용했다. 블루 컬러의 스트라이프 커튼과 공룡 그림의 러그 등이 아이 방의
포인트가 되어준다.

Designer's Pick

주방

블루 컬러의 싱크대가 기대 이상의 효과를 거두었다. 빈티지한 벽 및 바닥 마감재와도 잘 어울러진다. 주방은 다른 공간보다도 특히 수납이 중요하기 때문에, 주방 쪽 베란다를 활용해 덩치 큰 주방가구를 실속 있게 정리할 수 있었다. 또한 작업의 능률을 올리기 위해 동선을 효율적으로 짜고 편의성을 높였다.

79.3㎡ _ 독특한 구조를 가진 사택

하나부터 열까지,
아내의 손길이 닿은 컨트리풍 집

작년 4월, 세 식구는 이곳으로 이사를 왔다. 갑자기 보금자리를 옮기게 되면서 큰 공사보다는 꼭 필요한 부분만 손수 고쳐보기로 했다. 이미 예전 집에서도 솜씨 발휘를 해본 적이 있던 그녀이기에, 야무지게 계획을 짜고 팔을 걷어붙였다.

처음 집을 보러 왔을 때 적잖게 당황했다고 한다. 사택의 다른 집과 달리, 이 집은 거실 벽이 없는 독특한 구조였기 때문이다. 벽이 없으니 방은 2개뿐이었고, 그렇다고 거실이 넓게 배치된 것도 아니었다. 휑한 공간 속, 벽의 필요성을 느낀 그녀는 안방과 거실 사이를 나눠줄 벽을 만들기로 했다.

먼저 각재로 튼튼하게 골조를 세우고 합판으로 가벽을 만들었다. 그리곤 거실 쪽에는 수납장을 짜 넣어 벽을 지탱해줄 힘을 보완함과 동시에 여러 가지 물건들을 보관할 수 있도록 했다. 작은 집이기에 이러한 수납장은 공간을 넓어보이게 해주는 효자 아이템이다.

바뀐 집이라고는 하지만 구조와 방의 면적, 창문의 위치 등이 예전 집과 비슷해 기존의 가구들을 적재적소에 배치하고, 패브릭과 빈티지한 아이템 등으로 포인트를 더해 아늑한 컨트리(Country)풍의 공간을 완성했다.

별다른 구조 변경 없이 가벽만으로 효율적인 공간을 얻을 수 있었고, 정성스런 손길이 닿은 간결한 디자인의 가구와 소품 면면에 사는 이의 취향과 온기가 고스란히 담겨 있다.

http://blog.naver.com/lucyu

천천히 결정하기

모든 걸 너무 성급하게 결정하지 말자. 입주나 이사날짜로부터 시간을 두고 천천히 결정하길 권한다. 첫눈에 '아, 이 거다' 싶었던 것도 바뀔 때가 많다. 예쁘지만 우리 집엔 안 어울리는 것, 수납에 방해가 되는 것 등은 피하는 것이 좋 다. 다양한 매체를 통해 인테리어 자료 보는 것도 게을리 하지 않도록 하자.

+ PLAN

+01

+01

직접 하나하나 제작한 수납장. 수납장 위 공간은 자주 보는 책과 예쁜 소품 등을 올려둘 수 있어 유용하다.

+02

현관의 모습. 작은 만큼 아기자기하게 꾸몄다. 조그마한 수납가구는 원래 신발장은 아니었지만, 아이 신발을 넣어주니 안성맞춤이다.

+02

+01

+02

+03

+01 +02

주방 쪽에 위치한 그녀의 작업 공간. 곳곳에 그녀의 솜씨가 발휘된 가구와 소품이 가득하다. 작업실 문 또한 직접 재단하고 페인팅해 완성한 것이다.

+03

화이트 컬러의 수납장은 기존에 있던 싱크대 상부장을 재활용해 만들었다. 빈티지한 소품과 딸아이의 그림이 더해져 더욱 멋스럽다.

Interior Sources

Entrance
—
- **행거** Comma Hanger
- **아이 신발장** 직접 제작

Living Room
—
- **커튼 / 파티플래그** 원단 구입 후 직접 제작(네스홈)
- **거실장** 직접 제작(THE DIY)
- **다리미 테이블** 굿트리가구
- **북 & 파일보관함** 굿트리가구
- **간이책장** THE DIY
- **테이블** THE DIY 반제품
- **방석** 네스홈

Kitchen
—
- **싱크대 상판** 스프러스 24T로 제작(THE DIY)
- **싱크대 문 / 수건걸이(손잡이)** THE DIY
- **스툴 커버** 잇다
- **화이트 수납장** 싱크대 상부장 리폼(THE DIY)
- **냉장고 옆 수납장** 직접 제작(레드파인24T, 집성목루
  버 : THE DIY)
- **상부장** 레드파인 24T 제작(THE DIY)
- **패치 커튼** 원단 구입 후 직접 제작(네스홈)
- **빈티지 쌀자루** 네스홈

Bedroom
—
- **옷장** 문 제작 리폼(THE DIY)
- **커튼** 텍스월드
- **화장대** 앵글 제작 후 상판 붙여 제작(THE DIY)

Work Room
—
- **그린 서랍장** 굿트리가구
- **수납장** 직접 제작
- **책상** 기존 제품 페인팅

+**01** 벽이 없었던 독특한 구조의 집이라, 거실과 안방 사이에 가벽을 만들어 두 공간을 분리해주었다.

+**02** 일본 가정집 같은 분위기의 침실. 나무의 느낌을 살려 따뜻한 공간으로 연출했다.

주방

주방은 애착이 많이 가는 공간이다. 가장 오래 머무는 곳이기에 그동안 꿈꿔왔던 주방을 만들기 위해 고심한 흔적이 곳곳에 묻어난다. 일자형이었던 조리대는 'ㄱ'자 형으로 제작해 상판이 식탁과 연결되게 했고, 늘 원했던 쿡탑도 넣어주었다. 식탁 아래는 하부장과 이어지는 수납공간이 생겨 활용도가 높다. 떼어낸 상부장은 버리지 않고 수납장으로 재활용했다.

72.7㎡ _ 마이너스 옵션의 신상 아파트

17일의 미션,
완벽한 수납공간으로 활용도를 높인 집

마이너스 옵션인 덕분에 자유롭고 다양한 인테리어적 시도가 가능한 새 아파트에 30대 중반 부부가 보금자리를 틀었다. 부부는 인테리어 업체와 두어 차례 만남을 가진 뒤, 구체적인 사항들을 최종 확정해 바로 공사에 들어갔다.

부부의 요구사항은 명료했다. 게임 관련 회사에 다니는 직업 특성상 자택에서도 컴퓨터 작업이 이뤄져야 하므로 이를 할 수 있는 작업공간과, 오래 전부터 소장하고 있던 게임기와 책을 보관할 넉넉한 수납공간 확보가 그것이다.

미니멀하고 심플한 디자인을 선호하는 클라이언트의 취향을 반영하여 전반적인 디자인 콘셉트는 '모던'으로 잡았다. 전체적인 컬러는 화이트로 깨끗하게 맞추고, 소품과 포인트 벽을 활용해 젊은 부부에게 맞는 산뜻하고 발랄한 분위기를 조성하였다. 정리정돈이 힘들다는 그들을 위해, 모든 수납장에 용도에 맞는 선반을 놓고 도어를 설치하여 깔끔함을 더했다. 면적이 크지 않기 때문에 별도의 발코니 창고장이나 주방의 키큰장까지 배치하기에는 공간이 부족했다. 따라서 주방과 다이닝 공간을 침범하지 않으면서 큰 공간을 차지하지 않도록, 거실 한쪽 벽면을 모두 수납공간으로 만든 월 플렉스 디자인을 적용하여 수납장의 활용도를 더욱 배가시켰다. 또한 자칫 답답해 보일 수 있는 큰 조명기구는 배제하고, 매립등을 사용하여 집 안 전체에 은은한 분위기가 연출될 수 있도록 세심한 노력을 기울였다.

공사기간은 총 17일이 소요되었다. 일정상의 충분한 여유가 있었기 때문에 정확한 현장체크와 세밀한 설계계획으로 큰 어려움 없이 마칠 수 있었다.

DESIGN : **삼플러스디자인** 02-972-3856 www.3plusdesign.co.kr

Interior Process

전체 개보수

가설공사, 철거공사, 전기·등기구 공사, 목공공사, 도장공사, 금속공사, 유리공사, 설비공사, 가스공사, 바닥공사, 도배공사, 방수공사, 타일·대리석공사, 필름공사, 블라인드·커튼공사, 주방싱크공사, 준공 청소, 가구 제작

공사기간 : 17일 / 공사비용 : 28,000,000원

BEFORE

침실　침실　발코니
현관
주방/식당　거실

AFTER

안방　욕실　작업실
현관　발코니
주방/식당　거실

+01

+02

+01

집의 첫인상을 좌우하는 현관. 신발장의 전면을 거울로 시공해 공간을 넓어 보이게 하고, 조명을 설치해 현관을 보다 화사하게 꾸몄다.

+02

화이트 도기와 우드 소재의 조합으로 심플하게 마감한 욕실. 문 앞에는 수납장이 있어 공간 활용에 효율적이다.

+01

+01

주방과 거실. 애초에 수납장을 계획하는 데 한계가 있어 거실 한쪽 벽면을 모두 수납공간으로 만들었다. 금속과 망입유리를 사용하여 아일랜드 테이블 다리에도 책을 보관할 수 있는 디자인으로 제작하였다.

+02

업체에서 직접 제작한 디스플레이용 사다리와 비엔비까사에서 디자인한 네이비 컬러의 커튼이 공간을 더욱 돋보이게 한다.

Interior Sources

Living Room

—

- **벽지** LG Z:IN(PLAIN)
- **바닥** 나이테(베이지오크)
- **조명(스탠드 / 무드등 / 천장 LED 6W×2 매립등)** 기아조명(FARO)
- **현관문** 디자인 제작(구로철판소재)
- **타임테이블** 디자인 제작(구로철판소재)
- **벽돌 / 타일** 기흥건재
- **소파 / 테이블 / 스툴** 강남터미널 수입상가 구입
- **화분받침박스** 디자인 제작(구로철판소재)
- **디스플레이용 사다리** 디자인 제작
- **미니화분** 동구밖 꽃다육 식물원
- **액자 / 화분받침대 / 나무뿌리 화분** 디자인 제작
- **커튼 / 쿠션** 비엔비까사
- **러그** 소가죽(동대문 원단시장 구입)
- **사각박스시계** 디자인 제작(MDF 애쉬 무늬목)
- **TV 수납장 및 붙박이 수납장 / 문** 디자인 제작
- **인테리어필름** LG Z:IN
- **TV & 블루투스 스피커** LG전자
- **창호** LG 베스트창호
- **도어실린더** 을지로 반도철물 구입

Kitchen

—

- **아일랜드 테이블 잡지걸이 다리** 디자인 제작
- **의자** 강남터미널 수입상가 구입
- **조명(식탁등)** 기아조명(FARO)
- **싱크가구** 넥스퍼니처
- **냉장고** LG전자
- **쿡탑** 린나이
- **매입후드 / 싱크볼 / 팝업 콘센트** 한샘
- **하부장 빌트인 오븐** LG 디오스 빌트인 광파오븐
- **주방 벽체타일** 기흥건재

Bedroom

—

- **테이블** 이케아
- **터치 붙박이장** 디자인 제작
- **똑딱이 무드조명** 기아조명(FARO)
- **침구세트 / 우드블라인드** 비엔비까사
- **바닥** 나이테 베이지오크
- **벽지** LG Z:IN(PLAIN)

Study Room

—

- **책상 / 상부 책장** 디자인 제작
- **서랍장** 이케아
- **스탠드 조명** 기아조명(FARO)
- **책상 의자** 강남터미널 수입상가
- **터치붙박이수납장** 디자인 제작
- **암막커튼** 비엔비까사
- **바닥** 나이테 베이지오크
- **벽지** LG Z:IN(PLAIN)

Bathroom

—

- **바닥 / 벽 타일** 플러스타일
- **세면대 / 변기** 로얄
- **세면대 하부장** 디자인 제작(상판–삼성인조대리석, 도어–무늬목 투명우레탄마감)
- **거울장** 디자인 제작(무늬목 위 투명우레탄 도장마감)
- **욕조 샤워 파티션** 8mm 브론즈 강화유리
- **욕조 선반** 디자인 제작(금속 보강, 삼성 인조대리석)
- **욕조** 플러스타일
- **수전** 대림바스
- **조명** LED 6W×2매입 기아조명(FARO)
- **해바라기 샤워 BAR** 이바스

+**01** +**02** 이 집의 거실에는 월 플렉스 디자인 개념이 적용되었다. 이는 거실의 수납과 인테리어를 동시에 해결할
수 있도록 벽면에 수납공간을 짜 넣는 시스템장을 말한다. 한꺼번에 모든 수납이 가능하기 때문에 공간
활용에 효율적이고, 도어를 닫으면 벽처럼 보여 집 안이 훨씬 정돈되어 보인다.

Designer's Pick

거실

거실에 들어서면 모던 내추럴 스타일의 인테리어를 완성해준 감각적인 가구와 소품들이 눈에 띈다. 전체 조명은 없애고 LED 조명을 설치해, 공간이 따뜻하고 아늑해 보이는 동시에 눈의 피로도 줄일 수 있다.

82.6㎡ _ 복층을 가진 신축 빌라

8개월, 2번의 시행착오 끝에 완성한
오래 머물고 싶은 집

반려견인 보리와 함께 살고 있는 알콩달콩 신혼부부. 연애시절부터 복층에 대한 로망을 안고 있던 두 사람이기에, 결혼 4개월 전부터 열심히 집을 찾아다녔다. 복층빌라가 많이 밀집해 있다는 지금의 동네를 샅샅이 뒤져 지난해 6월, 드디어 입주를 마쳤다. 집만 구하면 고생 끝이라 생각했지만 그것도 잠시. 집에 대한 애착이 컸던 만큼, 그냥 살기에는 아쉬운 부분들이 하나둘 눈에 들어오기 시작했다. 새로운 주인을 만났으니 집도 라이프스타일에 맞게 바꿔야 한다고 생각한 그들이었다. 실내디자인을 전공해서인지 두 사람 다 집 가꾸기에 관심이 많았다. 인터넷을 뒤져가며 수많은 자료를 조사했고, 공간 곳곳에 사용한 재료들도 하나하나 발품 팔아가며 직접 공수해 현재의 모습으로 갖추었다.

나만의 작업실이 있고, 굳이 카페에 가지 않아도 그 분위기를 느낄 수 있는 집. 그리고 오래 머물고 싶은 집을 그들만의 인테리어 콘셉트로 잡았다. 큰돈을 투자하기엔 아직 젊은 부부라 기본에 충실하되, 소품으로 조금씩 포인트를 주었다. 마음에 쏙 드는 제품을 구할 수 없을 땐, 손재주 많은 두 사람이 직접 제작하기도 했다.

오래되지 않은 빌라였기에 전체를 뜯고 고칠 필요는 없었다. 버릴 부분과 살릴 부분만 잘 선별하여 바꿔나갔다. 그러나 의욕만 가지고 시작한 만큼, 모든 일이 순조롭게 진행되어주지는 않았다. 8개월에 거쳐 2번의 실패도 겪었다. 실망하기도 했으나, 다시 하면 되니 큰 문제는 아니라고 웃어 넘겼다. 이러한 과정들이 있었기에 오히려 용기를 북돋아주었고, 힘든 여정을 거쳐 지금은 남들이 보아도 멋지다 할 만큼의 모습을 갖추게 되었다.

http://blog.naver.com/guneun87

나만의 스타일을 찾아라

셀프인테리어에 도전하는 이들이 반드시 명심해야 할 사항이 있다. 의욕에 앞서 자료 수집을 하고 무작정 따라 하는 것도 좋지만, 다 해놓고 보니 우리 집에 안 어울린다면 아무런 소용이 없다. 참고는 하되, 나만의 스타일을 조금 보태어 차근차근 꾸며나가자. 시간이 조금 오래 걸릴 테지만 분명 더 멋진 결과를 얻을 수 있을 것이다.

+ 1F PLAN

침실	거실	방
주방/식당		
		화장실 현관

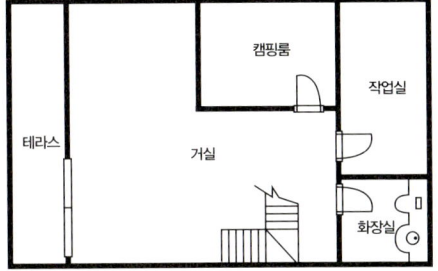

+ 2F PLAN

	캠핑룸	
테라스		작업실
	거실	
		화장실

+01

+01

반제품인 나무상자를 구입해 간단한 소품을 올려둘 수 있는 수납공간을 만들었다. 창에 설치한 우드블라인드 와도 잘 어우러진다.

+02

욕실에도 나무 소재의 아이템을 더했다. 신축 빌라였 기 때문에 별도의 공사 없이 우드 프레임의 거울과 선 반을 달아 다른 공간과의 조화를 이끌어냈다.

+02

+01

+02

+01 +02

최소한의 데커레이션으로 내추럴 스타일을 완성한 부부 침실. 문을 열면 바로 마주하게 되는 벽에 걸린 원형 액자는 원단과 수틀을 구입해 아내가 직접 만든 DIY 제품이다. 침대 위에는 프라모델과 감각적인 소품들을 두었다.

Interior Sources

Living Room
–

– **소파** 벤스
– **쿠션** 문고리 닷컴
– **테이블** DIY 제작(자재구입 : 타이거우드, 문고리닷컴)
– **철제바구니** 문고리닷컴
– **나무상자** DIY 반가구 제품(문고리닷컴)
– **에어컨 커버** 직접 제작(원단 : 네스홈)
– **아트벽** DIY 제작(원목루버 : 타이거우드)

Bedroom
–

– **침대** 벤스
– **원목테이블** 마헨
– **휴지케이스** 키티버니포니
– **레드스탠드** 이케아(마켓비)
– **피규어 조명** 스탠드(이마트), 피규어(플레이모빌)
– **그 외 소품들** 직접 제작

2F Living Room
–

– **민트, 화이트 수납장** 이케아 철제수납장(마켓비)
– **컴퓨터 책상** DIY 가구(상판구입 타이거우드)
– **파이프 수납장** 파이프 인테리어(손잡이 닷컴)
– **컴퓨터 위 액자** 모두 DIY 소품(자재구입 : 네스홈)

2F Kitchen
–

– **커팅보드** 이삭(문고리닷컴)
– **대형 유리공병** 미스달스튜디오
– **레드주전자** 캐서린 홀름, 빈티지 제품
– **북유럽 컵** 이삭(문고리 닷컴)

+01 복층에 마련된 부부의 비밀공간인 아지트 502. 2개의 방 중, 한 곳은 인테리어하기 위해 필요한 여러 가지 가구와 소품을 만드는 작업실로 사용된다. 특히, 벽에 걸린 수납보드는 일반 나무 합판에 검정색 칠판페인트를 칠하고 다이소에서 구입해온 몇 가지 소품을 매치해 완성한 것이다.

+02 캠핑을 좋아하는 부부답게 하나의 방을 캠핑용품으로 가득 채웠다. 부부의 취향이 고스란히 전해지는 공간이다.

테라스

작은 집임에도 불구하고, 이 집은 테라스를 갖추고 있다. 평소 캠핑을 좋아하는 두 사람에게 홈캠핑을 즐길 수 있는 멋진 장소가 생긴 것이다. 일단 캠핑 분위기를 위해 바닥은 잔디를 깔기로 했다. 을지로로 달려가 직접 인조잔디를 만져보고 사이즈에 맞게 재단해왔다. 힘을 합쳐 꼼꼼하게 설치하고 의자와 테이블까지 두고 나니 캠핑장이 따로 없다.

INFO

작은 집을 위한 인테리어 솔루션
INTERIOR TIP

"수납 가구를 활용하라"

가장 기본적인 사항이지만 보유하고 있는 집기나 살림살이를 잘 파악하여 쓰임새에 맞는 박스와 가구 등을 통해 수납공간을 확보한 다음, 보이지 않게만 정리해도 집이 넓어진다. 가령 가구를 벽체처럼 솔리드한 디자인으로 제작하면 가구가 차지하는 공간은 커질 수 있지만 살림살이가 숨겨지니 집이 확장되어 보이는 효과를 가져 온다. 또한 수납할 수 있는 공간을 벽체 상부에 마련해 놓으면 공간의 활용도를 높일 수 있다. 이밖에 변형 가능한 가구를 사용하는 것도 좋은 방법. 예를 들어 침대프레임에 서랍장을 만들거나 스툴에 수납공간을 만들면 공간을 더욱 짜임새 있게 사용할 수 있다. 가구를 제작하거나 구입할 때도 사용할 가전제품의 정확한 스펙을 파악하고 TV나 에어컨, 오븐, 세탁기, 오디오 등을 사이즈에 맞게 수납 또는 장착하여 데드스페이스를 최대한 줄인다. 천장이 몇 센티미터만 높아져도 집이 넓어지는 느낌이 들기 때문에 천장에 매립등기구를 설치하는 것도 방법이다.

– 삼플러스디자인

"공간은 '제대로' 사용하는 것이 중요하다"

사실 대부분의 사람들이 좁은 집도 넓게, 넓은 집은 더 넓게 보이길 원한다. 당연한 얘기지만 데드스페이스와 똑순이 같은 수납 방법을 활용하길 권한다. 아무리 디자이너와 상담하고 시공을 해도, 처음에는 공간이 넓지만 점점 수납공간이 부족해지는 경우가 허다하다. 하지만 시공 전에 필요 없는 물건과 미련 때문에 가지고 있거나, 2년 이내 한 번도 사용한 적이 없는 물건 등을 과감히 처리(폐기 혹은 기부 혹은 업사이클링, 리사이클링)하는 것이 좋다. 수납을 할 때에도 사용빈도와 종류, 계절, 크기, 컬러 등을 고려해 수납하고, 지속적인 유지·관리가 필요하다. 무조건 넓게 사용한다는 인식에서 한 걸음 나아가 공간을 '제대로' 사용하는 것이 중요하다. 기능과 목적에 충실한 공간, 동선을 흐트러뜨리지 않는 배치, 거주기간 중 반 이상의 기간 동안의 생활 패턴을 예상한 시공, 충동적이기보다는 의뢰인 자신이 정말로 원하는 디자인을 구현한다. 나에게 필요한 것이 수납공간이라면 데드스페이스를 잘 찾아내서 살리되, 공간을 효율적으로 차지하고 디자인을 해치지 않는 아이디어가 있어야 한다.

– 더디자인

"인테리어는 최대한 심플하게"

짧은 소견이지만 그동안의 경험과 노하우로 보자면, 벽지는 될 수 있으면 한 가지 톤으로 선택하여 시각적으로 넓고 깨끗한 느낌을 준다. 그리고 최대한 단조롭게 인테리어 하는 것이 좁은 면적을 넓어 보이게 하는 팁이 아닐까 싶다. 구체적으로 예를 들자면, 무늬가 들어간 화려한 색감의 벽지는 피하고, 몰딩 및 걸레받이는 화이트 톤의 심플한 제품을 선택한다. 기존 불필요한 가구 및 소품 등은 모두 없애 여백에 미를 살리고, 그림으로 빈 공간을 채워준다면 크게 힘 안들이고 넓어 보이는 시각적인 효과와 인테리어 효과를 느낄 수 있으리라 생각한다.

– 디자인형태

"라이프스타일에 맞는 맞춤공간을 구성하라"

20평대의 오래된 공동주택(아파트)은 전체 면적에 비해 애매하게 구성된 방의 사이즈로 현재 다양해진 클라이언트의 라이프스타일의 성격에 적합한 맞춤공간을 구성하지 못하는 단점이 많다. 따라서 과감하게 기존의 문을 떼어 오픈형 공간을 만들거나 공용공간의 연장선이 되도록 구성하여 집을 보다 넓게 사용하고, 각 공간을 틀에 박힌 용도가 아닌 가족에게 맞는 공간이 될 수 있도록 변화를 주는 것이 좋다.

– 노르웨이숲디자인팩토리

"가장 오래 머무르는 곳을 정하라"

일단 낮 시간에 가장 많이 활동하는 공간이 어딘지를 생각한다. 큰방이라고 꼭 안방이 될 필요는 없다. 자주 들어가지 않는다면 공간만 낭비될 뿐이다. 편견 없이 공간의 역할을 바꿔 보는 것이 중요하다. 또한 벽으로 공간을 나누어 좁은 집을 획일적이고 고정적으로 사용하기보다는, 하나의 공간에서 가구의 배치로 유동적으로 활용하는 것이 좁은 집을 넓게 사용할 수 있는 방법이다.

– 817디자인스페이스

온라인으로 만나는 해외 인테리어 동향
ANOTHER INTERIOR BLOG

인테리어와 관련해 차별화된 콘텐츠를 제공하는 해외 블로그와 사이트를 소개한다. 연출된 공간의 사진과 벽면 데코, 세세한 작업 과정은 단순한 이미지만으로도 큰 영감을 줄 것이다. 지금부터 즐겨찾기는 필수!

Apartment Therapy **www.apartmenttherapy.com**

해외인테리어에 관심 있는 이라면 이미 즐겨찾기해 두었을 사이트. 아파트먼트 테라피에서는 집 꾸밈에 있어 어느 정도 자신 있다는 미국 전역의 네티즌들이 직접 인테리어한 공간을 소개한다. 공간별 · 스타일별로 보기 좋게 나눠져 있어, 인테리어를 계획 중이라면 보는 것만으로도 큰 도움이 될 것이다. 기발하고 신기한 DIY 정보도 제공하고 있으니 스타일리시한 공간이 궁금하다면 지금 바로 접속해볼 것!

Daily Smudge **thedailysmudge.blogspot.com**

인테리어는 벽을 어떻게 하느냐에 따라 다채로운 분위기로 변신한다. 시드니에 살고 있는 북 디자이너 에밀리(Emily)의 블로그는 벽 디자인을 어떻게 해야 할지 막막할 때 둘러보면 많은 정보를 얻을 수 있는 공간이다. 하나씩 선별해 포스팅한, 화사하고 세련된 벽면 장식들은 시선을 사로잡기에 충분하다. 오른편 깔끔하게 정리된 카테고리를 통해 다양한 그래픽 디자인들을 만나볼 수 있다.

decor8 **decor8blog.com**

아기자기한 분위기의 인테리어 사이트다. 인테리어 컨설팅 및 관련 출판도 하는 주인장의 감각이 그대로 전해진다. 인기 있는 포스팅은 따로 카테고리를 만들어 확인할 수 있도록 했다. 얼핏 보면 소소하지만, 집 꾸밈을 위한 간단한 팁이나 전문가적인 면모가 돋보이는 인테리어 정보도 찾아볼 수 있다. 어려운 말로 쓰인 인테리어 서적보다 쉽고 상세해 실제로 따라 하고 싶어지는 매력이 있는 공간이다.

*Design*Sponge* **www.designsponge.com**

집 안을 톡톡 튀는 아이디어로 무장하고 싶다면 꼭 방문해야 할 사이트로, 쉽고 간단하게 멋진 인테리어 소품을 제작할 수 있도록 도와준다. 각 아이템마다 작업 사진이 잘 나와 있어, 영어를 잘 모르더라도 이미지대로 따라 하기만 하면 명품가구 부럽지 않은 나만의 제품을 완성할 수 있다. 난이도 · 비용 · 소재 · 기술 등으로 카테고리가 나눠져 있어 필요에 따라 선택해 만들어 볼 수 있다.

Hege in France www.hegeinfrance.com

프랑스에 거주하는 노르웨이인 Hege가 정리해둔, 인테리어 이야기가 가득한 사이트다. 북유럽풍의 감성과 프렌치 스타일의 심플함이 돋보이는 인테리어 이미지가 주를 이루고 있다. 그동안 발견하지 못했던 생활 속 기발한 발상을 엿볼 수 있어 보는 내내 즐거워진다. 그녀의 재치 있는 글 솜씨는 포스팅 하나하나에 재미를 더한다. 구경하다보면 한 번쯤 따라해 보고 싶은 욕구가 불끈 솟아난다.

Door Sixteen www.doorsixteen.com

세월의 흔적이 묻어나는 집에게 새 옷을 입혀주고 싶을 때 참고할 만한 사이트. 뉴욕에 거주하고 있는 책 표지 디자이너 애나(Anna)의 개인 홈페이지로, 남편과 함께 구입한 집을 리노베이션하는 과정과 관련 정보가 소개되어 있다. 고치기 전·후 사진과 함께 시공 과정의 작은 부분 하나까지도 놓치지 않고 세세하게 설명하고 있어, 리노베이션을 생각하는 이들은 많은 도움을 받을 수 있을 것이다.

The Selby www.theselby.com

뉴욕에서 활동하는 패션사진작가이자 일러스트레이터인 토드 셀비(Todd Selby)의 홈페이지. 하루에 5만 명 이상이 방문할 정도로 큰 인기를 끌고 있다. 국내에도 책이 번역되어 출간될 만큼 유명인사인 그는 2008년부터 세계 곳곳 다양한 분야에서 활동하는 친구들의 집을 촬영해 선보인다. 독특한 취향과 개성이 나타나는 아티스트들의 특별한 생활공간을 들여다볼 수 있어 페이지를 열 때마다 흥미롭다.

tReNdey BLOG www.trendey.com

클릭하는 순간 큼지막한 인테리어 사진들이 하나씩 눈앞에 펼쳐진다. 스칸디나비안 & 레트로, 내추럴, 컨트리 등 스타일별로 카테고리를 나눠보기 좋게 정리해두었다. 감각이 넘쳐나는 인테리어의 집들을 하나둘 보고 있노라면 탄성이 절로 나온다. 사이트에 올라온 이미지와 설명들은 어떻게 인테리어를 시작해야 할지 고민인 이들에게 훌륭한 참고 자료가 되어준다.

Stylizimo blog blog.stylizimo.com

홈 데커레이션 커뮤니티인 Stylizimo.com 운영자의 블로그로, 인테리어에 대한 정보가 잘 담겨져 있다. 노르웨이 출신답게 편안하면서도 실용성을 갖춘 북유럽 스타일의 아이디어를 요목조목 다루고 있다. 단순히 예쁜 공간을 보여주기보다 여러 가지 인테리어 요소를 공간에 쉽게 들이는 방법과 노하우를 전하는 것이 이곳의 장점이다. 인테리어 된 제품에 대한 팁도 많이 소개되어 있다.

Pinterest www.pinterest.com

핀터레스트는 물건을 고정할 때 쓰는 Pin과 '관심'을 의미하는 Interest의 합성어이다. 온라인에서 자신이 관심 있는 이미지를 핀으로 콕 집어서 포스팅하고, 이를 페이스북이나 트위터 등 다른 소셜네트워크(SNS) 사이트와 연계해 지인들과 공유하는 이미지 기반 소셜네트워크 서비스다. 인테리어 관련 사진들이 많아 전 세계의 집 꾸밈 노하우를 엿볼 수 있다. 웹은 물론 스마트폰의 앱으로도 이용 가능하다.

온·오프라인 인테리어 숍 정보
INTERIOR SHOP GUIDE

가구와 소품은 하나만으로도 공간을 변신시킬 수 있는 아이템. 지금 머물고 있는 공간에 변화를 주고
싶다면, 그 부족함을 채워줄 제품들로 가득한 핫 플레이스에 주목하자.

Online Fabric Shop

Total Living Shop

Vintage Shop

Shop for Kids

Tableware Shop

Handmade Furniture Shop

Paintings Shop

Scandinavia Design Shop

Outdoor Item Shop

Tile Shop

Birch Decoration Shop

Furniture Outlet

Kitchen Showroom

Bathroom Showroom

Lighting Shop

다양한 컬러와 패턴의 패브릭 제품
Online Fabric Shop

새로운 계절이 찾아올 때면 각 공간의 패브릭만 바꿔도 분위기 전환이 된다. 최소 비용으로 최대 인테리어 효과를 누릴 수 있는 방법! 멋진 패브릭을 구입할 수 있는 온라인 패브릭 숍을 소개한다.

메종드룸룸 *MAISON DE ROOM-ROOM*

북유럽 감성을 담은 홈 패브릭 브랜드 메종드룸룸. 텍스타일 디자인을 전공한 두 명의 감각 있는 패브릭 디자이너가 원단부터 디자인까지 직접 고르고 만들어 질 좋은 패브릭 제품을 선보인다. 쉽게 찾아볼 수 없는 독특한 원단과 수입 패브릭 원단을 사용한 쿠션과 커튼, 침구, 러그 등 다양한 패브릭 제품들이 패턴과 컬러의 감각적인 조화로 눈길을 끈다.

070-4200-0515 www.maisonderoomroom.co.kr

린넨앤밀크 *LINEN&MILK*

합리적인 가격대와 감각적인 디자인을 겸비한 침구류를 찾는다면 이곳을 추천한다. 심플한 디자인과 좋은 소재, 좋은 공정으로 만들어진 제품만을 소개하며 오래도록 간직해도 질리지 않는, 그래서 더 애착이 가는 제품만을 모았다. 어디든 잘 어울리는 컬러 매치는 그들만의 감각을 엿볼 수 있게 한다. 인천 송현동에 위치한 매장은 전화 예약 후 방문 가능하다.

032-223-8874 www.linenandmilk.kr

빈-방 *B-INBANG*

빈-방은 '작지만 확고한 행복' 이라는 모토를 가지고, 자연의 소재인 천연 섬유를 사용하여 제품을 제작하는 패브릭 전문 쇼핑몰이다. 촉감 좋은 내추럴 베딩을 비롯해 하늘거림이 좋은 커튼, 부드러운 패브릭 단품, 소박한 정성이 담긴 소품 등 판매하고 있는 제품 또한 다양하다. 현대인들에게 진정한 휴식의 공간을 채워주고자 문을 열었다는 주인장의 따뜻한 마음이 전해진다.

070-4223-0630 www.b-inbang.com

트리앤모리 *TREE&MORI*

홈페이지를 클릭하는 순간부터 화사한 컬러의 패브릭 제품들이 눈을 즐겁게 한다. 나무를 뜻하는 트리(Tree)와 숲을 뜻하는 일본어 모리(森)가 합쳐져 탄생한 이름이다. 국내 제작을 기본으로 하며 소량 생산으로 희소성 있는 나만의 소품을 추구한다. 특히 직접 그린 그림과 디자인으로 만들어진 제품들은 찾는 이들의 마음을 사로잡기에 충분하다.

010-2803-9054 www.treeandmori.com

트렌디한 리빙 디자인을 쇼핑하다
Total Living Shop

덩치 큰 가구부터 소소한 소품들까지. 감각적인 아이템으로 무장한 리빙편집숍의 오픈 열기가 뜨겁다.
꼭 알아두어야 할 핫스폿을 소개한다.

메종드실비 *MAISON DE SYLVIE*

덴마크에 본사를 두고 있는 인더스트리얼 스타일의 토털리빙브랜드 마담스톨츠 코리아의 수입사로, 2012년 10월부터 독점 계약권을 가지고 싱가포르와 호주에 이어 한국에 처음으로 런칭하였다. 현재 마담스톨츠를 비롯해 프랑스 타카야카, 일본 장인의 종려나무 빗자루 등 다양한 제품을 청담동 매장을 비롯한 온라인 숍 등에서 만나볼 수 있다.

서울시 선릉로148길 30 2F
02-518-2220 www.maisondesylvie.com

까레 *KARE*

독일을 대표하는 브랜드로, 1981년 뮌헨에서 시작되었다. 프랑스, 벨기에, 이탈리아, 오스트리아 등 전 세계 50여 개의 매장을 오픈하며 세계 각국에서 사랑받고 있다. 매년 다양한 콘셉트의 크리에이티브한 신제품을 출시한다. 오프라인 매장에서는 국내에서 보기 힘든 감각적이고 유니크한 디자인 가구와 소품들을 직접 눈으로 확인할 수 있다.

서울시 강남구 압구정로 226
070-4122-9874 www.kare-korea.com

Rosso Como

COTS WOLDS

모벨랩 *Mobel Lab*

청담동 쇼룸과 함께 성북동에 웨어하우스 형식
의 매장을 운영하고 있는 스칸디나비안 빈티지
가구점. 이곳의 가구는 대부분 1920년대부터
1970년대까지 덴마크, 스웨덴을 비롯한 북유럽
스칸디나비아 지역에서 제작된 오리지널 빈티
지가구컬렉션으로, 로즈우드, 티크 등의 나뭇결
에서 드러나는 자연미와 실용성이 제대로 살아
있는 것이 특징이다.

서울시 성북구 선잠로 49
02-3676-1000 www.mobellab.com

로쏘꼬모 *Rosso Como*

로쏘꼬모 이탈리어어로 '빨강 서랍장'을 의미
한다. 평범하고 심심한 공간을 톡톡 튀는 개성
으로 가득 채워줄 리빙아이템을 제안한다. 가구
는 직접 디자인하여 국내 제작하는 라인과 직수
입하는 라인으로 운영되며, 매 시즌 트렌드에
맞는 소품을 해외각지에서 소싱·개발하고 있
다. 가구뿐 아니라 전반적인 홈 스타일링을 전
문디자이너가 도와준다.

경기도 성남시 분당구 운중로166번길 9
031-8017-8943 www.rossocomo.com

코츠월즈 *COTSWOLDS*

영국에서 가장 아름다운 마을이라고 불리는 코
츠월즈. 그 느낌이 그대로 전달되는 리빙숍이
문을 열었다. 로맨틱 내추럴리즘을 콘셉트로,
프렌치 프로방스 라이프스타일을 지향하는 다
양한 가격대의 프렌치 가구와 주방 식기류, 패
브릭이 주를 이루고 있다. 프랑스, 이탈리아 등
지의 직수입 제품과 국내 주문가구 및 중국
OEM제품으로 구성된다.

서울시 강남구 학동로 332 1F
02-547-0759 www.cotswolds.co.kr

더플레이스 *theplace*

동서양의 만남이라는 콘셉트로 세계 유수의 명
품 리빙 브랜드를 한자리에서 원스톱 쇼핑으로
만나볼 수 있는 편집숍이다. 1층은 이탈리아 명
품브랜드와 국내 장인의 수공예 작품이 전시되
어 있는 리빙스페이스, 2층은 감각적인 테이블
웨어와 주방소품을 확인할 수 있다. 마지막으로
3층에는 자연을 닮은 침실가구와 침구, 실용적
인 욕실용품 등을 마련해두었다.

서울시 강남구 학동로 140
02-3444-9595 www.theplace.kr

세월과 희소성을 소유하다
Vintage Shop

최신 유행을 따르는 제품보다 오래된 물건의 매력에 더 빠져들 때가 있다. 서랍 속 꽁꽁 숨겨진 보물을 찾는 기분으로 빈티지 숍의 문을 두드려보자.

빈티지 아울 *Vintage Owl*

도심을 벗어나 한적함이 느껴지는 자연 속에 쇼룸을 둔 빈티지 아울은, 이상휘 대표의 젊은 감각과 패기로 빚어낸 빈티지 전문 숍이다. 감성적인 생활공간을 보다 손쉽게 구현할 수 있도록 영국 현지 전문가를 통한 제품 구매ㆍ검수ㆍ페인팅ㆍ운송 등의 체계적인 절차를 거친 빈티지 제품을 제공하며 쉐비시크, 앤티크, 레트로 등 개성 있는 라인으로 구성되어 있다.

충청북도 괴산군 청천면 금평로1길 5
070-7745-7337 www.vintageowl.co.kr

호메오 *HOMEO*

홍대와 헤이리에 매장을 두고 있는 호메오는, 빈티지 가구와 소품을 대중들이 보다 친근하게 느낄 수 있도록 쇼룸과 카페를 함께 겸하고 있는 것이 특징이다. 주택을 개조한 홍대점의 경우 아담한 마당과 푸른 정원을 감상하는 재미도 쏠쏠하다. 흥미로운 빈티지 아이템이 가득한 곳에서 커피를 마시고 담소를 즐기며 자연스럽게 빈티지의 매력을 느낄 수 있다.

서울시 마포구 와우산로29가길 80
02-544-1727 www.homeo.kr

아트앤크래프트 *ART N CRAFT*

완벽한 디자인 선별과 품질 관리를 통해 생산된 리프로덕션(Reproduction) 제품과 주거 및 상업 공간에서도 쓸 수 있는 빈티지 가구, 캐주얼 가구를 만나볼 수 있다. 또한 여러 공간에서 다양하게 연출할 수 있도록 특색 있고 유니크한 아이템도 취급한다. 넓은 규모의 전시장은 방문예약을 통해 둘러볼 수 있으며, 부산 국제시장에 오프라인 매장도 갖추고 있다.

부산시 사상구 학감대로147번길 16
070-7019-7482 www.artncraft.kr

비투프로젝트 *b2project*

20년간 인테리어 디자이너로 일해온 변재희 실장의 축척된 노하우와 탁월한 안목으로 탄생한 곳이다. 직접 유럽을 돌아다니며 일일이 골라온 소중한 가구와 멋진 인테리어 소품들로 가득 채워져 있다. 쇼룸은 지하의 빈티지매장과 1층 카페, 그리고 2층 사무실로 이루어져 있으며, 공간을 꾸미는 것에 어려움을 가진 이들에게 도움을 주고자 상담도 진행한다.

서울시 종로구 동숭3길 6-6
02-6369-2900 www.b2project.co.kr

빈티지다락방 *vintage daracbang*

온라인을 통해 빈티지마니아들 사이에서 입소문을 탄 이후, 쇼룸을 오픈했다. 생활의 깊이가 묻어 있는 빈티지 제품들은 모두 영국, 프랑스, 북유럽국가 등에서 공수해 온다. 대부분의 물품들은 수량이 한정적이라 소장가치가 더욱 높다. 고양시에 위치한 빈티지 갤러리 카페에서는 온라인 숍에 없는 아기자기한 빈티지 제품을 만나볼 수 있다.

경기도 고양시 무궁화로 141번길 8-8
070-8253-7566 www.vintagedaracbang.com

땅뜨디자인 *TANT DESIGN*

천연재료와 수제방식을 고집하며 제작한 완성도 높은 원목가구를 비롯하여, 기성제품의 부족한 부분을 그들만의 특별한 감성과 제작방식으로 채운 리터치제품을 함께 선보인다. 또한 세계 각국의 오랜 명성이 그대로 살아 있는 생활용품과 빈티지소품도 매장에서 직접 만나볼 수 있다. 소장가치 높은 제품을 선별해 판매하는 그들의 탁월한 안목이 돋보인다.

서울시 강남구 논현로158길 14
02-549-7807 www.tant.co.kr

센스 있는 엄마들의 단골 매장
Shop for Kids

아이를 위해 챙겨야 할 물건은 한두 가지가 아니다. 온라인 매장을 수시로 드나들고, 발품을 팔아도 흡족할 만한 아이템을 구입하기란 여간 쉽지 않다. 지금부터 센스쟁이 엄마들에게 인기라는 숍을 소개한다.

hpix

rookie

ROOM FOR KIDS

에이치픽스 *hpix*

감각적인 아이방을 꾸미고 싶어하는 엄마들에게 추천하는 이곳, 에이치픽스는 유럽을 중심으로 전 세계 역량 있고 뛰어난 디자이너들의 제품과 브랜드를 발굴하여 국내에 소개하는 수입제품 디자인 편집숍이다. 신선하고 트렌디한 키즈용품을 비롯하여 유니크한 스토리와 감성을 자극하는 리빙제품 및 컬렉션 아이템까지, 시선을 사로잡는 제품들을 선보인다.

서울시 용산구 이태원로54길 20 1F
070-4656-0175 www.hpix.co.kr

루키 *rookie*

2011년 문을 연 루키는 유럽 및 미국 감성의 새로운 유아동 라이프스타일 콘셉트 스토어다. Oeuf, Dwell studio, Ducduc, Tea collection, Baby CZ, Angel dear, Jellycat, Petit collage, Little nest, Zutano 등 세계 각국 브랜드의 유아 및 아동용 가구, 의류, 교육용 장난감, 육아용품을 취급하고 있다. 일부 제품에 대한 구입 및 문의는 홈페이지를 통해 가능하다.

서울시 용산구 독서당로 89 한남빌딩 1,2F
02-546-1680 www.rookiekorea.com

whimsy   FLEXA

룸포키즈 ROOM FOR KIDS

고즈넉한 북촌마을 자락에 위치하고 있는 룸포
키즈는 디자이너 출신의 오너가 이름 그대로 아
이들을 생각하여 문을 연 숍이다. 가회동 매장
에는 유기농 면에 첨가물을 최소화한 옷과 대나
무 톱밥으로 만든 그릇, 생지에 콩기름으로 인
쇄한 생일카드 등 자연을 담은 아이템들이 가득
하다. 작가와의 협업을 통한 룸포키즈만의 새로
운 제품도 눈에 띈다.

서울시 종로구 북촌로 7길 20
02-766-1217 www.roomforkids.kr

몰 moll

쑥쑥 크는 아이의 신체조건에 맞춰 조절할 수
있는 기능성 가구를 원한다면 몰을 추천한다.
아이들이 최상의 자세에서 학습할 수 있게 도와
주는 책상과 의자, 책장 등을 전문적으로 취급
한다. 청담동에 위치한 매장에서는 독일 원목아
동가구 '파이디', '트윌스', 이탈리아 수납전문
브랜드 '바이렉스', 인체공학의자브랜드 '빌칸'
도 만날 수 있다.

서울시 강남구 삼성로 754 2F
02-543-0164 www.moll-system.co.kr

플렉사 FLEXA

아이가 자랄 때마다 침대를 바꿔주는 것도 여간
번거로운 일이 아니다. 플렉사 베드 시스템은
유아기에는 침대에 미끄럼틀 같은 액세서리를
추가하여 놀이공간을 연출하고, 아동기에는 책
상을 붙여 학습공간을, 청소년기에는 단층침대
로 분리하여 활용할 수 있어 체계적인 변신이
가능하다. 아이에게 특별한 침대를 마련해주고
싶다면 플렉사의 문을 두드려볼 것.

서울시 강남구 논현로 722 2F
02-512-0515 www.flexa.co.kr

윔지 whimsy

리빙브랜드의 스타일리스트로 활동하던 주인장
이 야심차게 준비한 리빙디자인 소품 편집숍.
내 아이만의 특별한 공간을 만들어 주고픈 엄마
들의 마음을 고스란히 담았다. 덴마크 인테리어
소품 브랜드 Bloomingville와 뉴욕 소호에서 제
작되는 Colette Bream, 아이들의 무한 상상력
을 자극하는 Engel punt 등 다양한 북유럽 및
미국 브랜드를 수입·판매하고 있다.

서울시 동작구 흑석동 95-1 해가든 1F 141호
070-8954-1922 www.by-whimsy.com

그릇을 바꾸고 싶을 때
Tableware Shop

몸을 치장하는 최고의 호사가 주얼리라면 생활을 꾸미는 최고의 사치는 그릇이다. 클래식한 골드와 모던한젠 스타일, 경쾌한 패턴과 내추럴 프린트까지 올가을 식탁 위를 사로잡을 테이블웨어 쇼핑 가이드.

비 블랭크 *be blank*

한적한 서교동 뒷골목에 자리 잡은 이곳은 주인 장이 미국과 일본에서 직접 구입해 온 제품들로 가득 채워진 소규모 편집매장이다. 합리적인 가격대와 특별한 디자인의 식기들이 많아 매장을 둘러보는 내내 눈이 즐겁다. 포트리반, 스튜디오엠 등 대중적인 브랜드뿐 아니라, 국내에서 쉽게 볼 수 없던 세련되고 유니크한 소품들도 만날 수 있다.

서울시 마포구 독막로3길 24 1F
02-6407-9075 www.beblank.co.kr

리비에라 메종 *Riviera Maison*

2층 규모의 매장을 두고 있는 네덜란드 라이프 스타일 브랜드로, 북유럽에서는 이미 두터운 마니아층을 형성하고 있다. 모던한 디자인과 아이디어가 돋보이는 식기 및 주방기기를 비롯해, 원목으로 이루어진 자연주의 가구가 가득하다. 시즌별로 매장 인테리어와 제품을 바꾼다고 하니 매장을 둘러보는 것만으로도 시즌별 인테리어 트렌드를 파악할 수 있을 것이다.

서울시 강남구 도산대로 45길 8-1
02-547-1977 www.rivieramaison.co.kr

KAMMI Craft Gallery   Pishon

정소영의 식기장 *SIKIJANG*

식기를 만드는 사람이라는 뜻의 '食器匠'과 식기를 수납하는 가구인 '食器欌'의 복합적인 의미를 담고 있는 정소영의 식기장. 도자식기는 물론이고, 금속 및 유리 등을 포함한 여러 가지 식기구를 전시·판매하고 있다. 벽면을 둘러 빼곡히 채워진 그릇 수납장은 시선을 사로잡기에 충분하다. 전시공간에서는 작가들의 정성이 고스란히 담긴 그릇들을 감상할 수 있다.

서울시 강남구 삼성로 751 1F
02-541-6480 www.sikijang.com

피숀 *Pishon*

피숀은 신세계백화점에서 직접 운영하는 '유러피언 라이프스타일 홈컬렉션' 편집매장으로, 현재 신세계 본점, 강남점, 부산 센텀시티점에 입점해 있다. 매장의 상품들은 대부분 바이어가 직접 해외에 나가 브랜드를 발굴하고 하나하나 셀렉트하여 매장까지 가져오는 직수입품으로, 주방의 스타일을 변화시켜 줄 차별화된 테이블 웨어가 한곳에 모여 있다.

서울시 중구 충무로1가 52-5 9F
02-310-1490 blog.naver.com/mypishon

엘비스 크래프트 *LVS CRAFT*

백자 전문 도예갤러리로, 한국 백자의 미를 세계에 알리고자 설립되었다. 이곳에서 백자는 단순히 실생활에 쓰이는 그릇으로만 끝나는 것이 아니라, 디자인적 요소를 갖춘 하나의 예술 작품으로 거듭난다. 한국의 예술작가들을 소개하는 복합갤러리공간으로, 다양한 전시도 함께 선보인다. 작품을 둘러본 후 마음에 드는 식기류는 구입할 수도 있다.

서울시 중구 동호로 223
02-3443-7475 www.gallerylvs.org

가미크래프트갤러리 *KAMMI Craft Gallery*

가미크래프트갤러리는 도예가가 운영하는 복합문화공간으로, 도자기 아트숍과 카페, 도예를 체험할 수 있는 스튜디오를 함께 운영하고 있다. 특히 도예교육 프로그램은 일반 취미반과 전공자반, 입시반으로 나누어져, 오랜 노하우를 바탕으로 한 개인별 맞춤 교육을 실시한다. 하나뿐인 나만의 그릇을 만들어보고 싶다면 문을 두드려 보길 권한다.

서울시 강남구 논현로94길 29-14
02-563-9252 blog.naver.com/kambea

나무 향 가득한 공간
Handmade Furniture Shop

작가의 개성이 드러나는 수제 가구에 대한 사람들의 관심이 점점 높아지고 있다. 가구 하나에도 공간과 디자인을 고려해 제작하는 핸드메이드 가구점을 소개한다.

OMBRE NATURE

BrownFactory

옹브레 네이처 *OMBRE NATURE*

평생 사용할 수 있는 제품을 디자인하고 만들겠다는 생각으로 천연소재 및 하드웨어를 사용하여 가구를 완성한다. 독소물질이 함유된 본드나 도료는 일체 사용하지 않고 안심할 수 있는 재료들만으로 100% 국내 기획 · 생산했다. 원목의 자연스러운 결이 살아 있고, 유행 타지 않는 심플한 디자인의 제품을 원한다면 홈페이지를 통해 예약한 후 방문해보도록 하자.

서울시 노원구 동일로192길 47
0505-333-6924 www.ombrenature.com

브라운팩토리 *BrownFactory*

나무처럼 편안하고 따뜻한 스타일을 추구하는 브라운팩토리는 원목가구에 스타일과 컬러를 입힌 개성 있는 제품들을 소개한다. 블루, 레드 등 선명한 컬러와 자연스러운 나뭇결이 만나 완성된 가구들은 어느 곳에 두어도 공간에 힘을 실어준다. 일단 주문한 가구는 컴퓨터그래픽 3D로 작업해 고객이 미리 디자인을 확인할 수 있도록 배려하고 있다.

서울시 송파구 오금로27길 8 1F
02-400-9123 www.brownfactory.co.kr

OZ

Woodcabinet

MY FURNITURE CAFE

DOATH

마이퍼니처카페 *MY FURNITURE CAFE*

2002년 문을 연 마이퍼니처카페는 합리적인 가격대의 질 좋은 가구를 선보인다. 3곳에 마련된 오프라인 매장은 각각 다른 콘셉트로 꾸며졌다. 1호점은 프로방스풍의 자연친화적인 원목 제품이, 2호점은 자작나무 합판과 패치워크 스타일의 가구와 아기자기한 소품들을, 3호점은 에쉬·오크·체리·월넛 등 하드우드를 중심으로 한 다양한 주방가구를 전시하고 있다.

서울시 마포구 와우산로 173 1F(1호점)
02-332-4744 www.mfcafe.co.kr

오즈 *OZ*

'SIMPLE & NATURAL'을 디자인 콘셉트로 친환경 원목가구를 판매한다. 모든 제품은 주문 제작을 기본 원칙으로 하고 있으며, 원하는 크기와 컬러에 맞춰 단 하나뿐인 가구를 디자인해준다. 주로 스프러스, 엘더, 에쉬, 히노끼 등의 목재를 사용하고 있고, 천연오일스테인으로 마감한다. 직접 찾아가기 힘들다면 전화나 온라인을 통한 상담 및 주문도 가능하다.

서울시 송파구 송파대로43길 17
02-415-5880 www.diyoz.com

우드캐비넷 *Woodcabinet*

목공예·가구·미술·건축 등 각 분야의 전문 교육을 받은 스텝들이 젊은 감각과 정성, 열정을 담아 모든 공정을 수작업으로 제작하고 있는 핸드메이드 퍼니처 스튜디오. 새롭게 디자인된 제품들은 서울 송파구에 위치한 쇼룸을 통해 먼저 확인할 수 있으니, 방문하여 온라인에서 전해지지 않았던 원목의 따뜻함을 몸소 느껴보는 것도 좋겠다.

서울시 송파구 백제고분로 419
02-418-7090 www.woodcabinet.co.kr

도쓰 *DOATH*

생각한 것을 만들겠다는 'Do AS Think'의 뜻을 담아 오픈한 도쓰는 겉으로만 원목가구의 이름을 내세우지 않는다. 고급 하드웨어를 기본으로 가구의 뒷면과 다리, 서랍 등 눈에 띄지 않는 작은 부분까지 원목으로 꼼꼼하게 마감한 제품만을 생산하고 있다. 오픈 시간 외 방문을 원할 경우 사전 전화 예약을 통해 가능하며, 전남 순천에도 직영점이 있다.

경기도 일산동구 호수로446번길 7-15
031-932-6734 www.doath.com

그림 파는 가게들
Paintings Shop

그림은 너무 비싸 인테리어 용도로 구매하기 부담스럽다는 이들을 위해 준비했다. 합리적인 가격대와 어느 공간에도 잘 어울리는 그림 파는 가게가 있다.

CREATIVE da   Sungsil Hwarang

크리에이티브다 *CREATIVE da*

그림과 그래픽 문화의 저변을 확대하기 위해 오리지널리티가 있는 그림들을 독점 판매하는 크리에이티브다. 글로벌한 유명 아티스트들의 작품을 200~400장 정도 한정 수량으로 제작해 합리적인 가격으로 제공하고 있다. 모든 작품은 일반 프린팅과는 다른 특수한 프린팅 방식(FM 스크린, 실크스크린 등)을 사용하여 작품의 섬세한 표현을 가능케 했다.

서울시 마포구 독막로7길 64 1F
02-325-2777 www.creativeda.com

성실화랑 *Sungsil Hwarang*

2011년부터 멸종위기동물 그래픽 아카이브를 시작했다. 세계자연보전연맹 IUCN에서 발간하는 Red List 중에서 7등급 이내의 동물들을 선정해 이들의 얼굴을 160×160mm 나무 프레임 안에 그려 넣었다. 지금까지 작은 캔버스에 담긴 동물은 모두 44마리. 동물 시리즈 외에도, 환경보호에 대한 새로운 시각의 '낭만초록일기' 시리즈도 함께 판매 중이다.

서울시 마포구 동교로19길 85 1F
070-4250-0131 www.sshwarang.net

PRINT BAKERY　　　　Visual Collection　　Nordic Prints　　Who's God My Tail

후즈갓마이테일 *Who's God My Tail*

키즈 아트 포스터, 카드 등 아이들을 위한 일러스트가 주를 이룬다. 다채로운 색채와 상상력을 자극하는 그림으로, 아이들이 그림을 보며 동물과 사물을 익힐 수 있게 배려한 제품들을 엄선해 판매한다. 아이들의 손이 닿는 만큼 친환경 종이(무염소표백펄프)를 사용했고, 콩기름 잉크로 인쇄하였다. 오프라인 매장은 없으나 온라인 사이트를 통해 주문할 수 있다.

070-8958-6498 www.whosgotmytail.com

노르딕프린트 *Nordic Prints*

북유럽 디자이너의 유니크한 그림을 모아 소개한다. 자연에서 영감을 얻은 패턴과 재치 있는 터치를 더한 스웨덴 브랜드 Fine little day의 포스터부터, 덴마크 코펜하겐 출신 일러스트레이터 Michelle Carlslund의 포스터까지. 심플하면서도 색감이 돋보이는 일러스트가 많이 구비되어 있고, 그림에 맞는 다양한 사이즈의 프레임도 함께 구입할 수 있어 편리하다.

010-8001-5227 www.nordicprints.com

프린트베이커리 *PRINT BAKERY*

빵집에서 빵을 고르듯 부담 없이 미술품 컬렉션을 즐길 수 있도록 국내 대표 미술품 경매사 서울옥션에서 만든 브랜드. 신진작가에서 유명작가까지 다양한 작품군이 준비되어 있으며, 매월 1일 새로운 작품을 선보인다. 서울옥션 본사뿐 아니라 서울 유니아트갤러리, 장흥아트파크, 대구 갤러리 소헌, 부산 서린스페이스 등에서도 구매할 수 있다.

서울시 종로구 평창30길 24
02-395-0330 www.seoulauction.com

비주얼콜렉션 *Visual Collection*

비주얼콜렉션(VICO)은 '매일매일 기분 좋은 집'을 지향하는 홈데코 전문 브랜드다. Wall Deco를 기본 테마로, 아트 프린트 및 다양한 인테리어 소품을 제안한다. 회화적인 느낌을 잘 살린 일러스트 제품은 모두 두 명의 오너가 직접 디자인한 것으로, 구매자의 취향에 따라 그림의 크기와 액자 종류 등을 선택할 수 있고 액자는 기본 원목 2가지, MDF 2가지 중에 선택 가능하다.

서울시 서대문구 연희로11나길 5
070-7781-1309 www.vico.or.kr

식지 않는 인기 보여주는
Scandinavia Design Shop

그동안 누렸던 인기가 과거에 불과하다 생각했던 우려가 무색하게도, 인테리어 업계에서 북유럽 디자인은 여전히 선전을 거듭하고 있다. 아직 식지 않은 북유럽에 대한 열기를 모아, 젊은 감각이 묻어나는 북유럽 인테리어 숍 6곳을 소개한다.

빌라토브 *VILLATOV*

빌라토브에는 공간을 유니크하면서도 편안하게 바꿔줄 아이템 및 50여 개가 넘는 브랜드의 감각적인 상품들로 가득하다. PAPPELINA, RICE 등 유럽 브랜드뿐 아니라 자체 제작한 Rubens, 국내 브랜드 HOKMOT 등도 함께 소개한다. 홈페이지에는 한 주간 가장 많이 판매된 아이템을 확인할 수 있도록 하여, 인기상품을 한눈에 접할 수 있게 했다.

서울시 용산구 이촌로 224 한강쇼핑센터 B1 #56
02-794-9376 www.villatov.com

엔쓰리 *NNN*

2층으로 이뤄진 공간에 가정용 가구 및 소품, 그리고 다양한 종류의 문구용품 등을 판매하는 신개념 멀티플레이스다. 인테리어디자인업체인 마카로니펭귄이 모회사인 만큼, 주택을 개조한 매장은 차별화된 인테리어로 눈길을 끈다. 인상적인 소품들과 조명제품이 1층에 옹기종기 모여 있다면, 2층은 심플하고 깔끔한 디자인의 가구들이 채워져 있다.

서울시 용산구 이태원로20길 36
02-790-5799 www.n-3.co.kr

비 아인 키노 *wie ein KINO*

아이들의 취향은 물론, 부모도 만족할 만한 제품이 가득한 이곳은 국내에서 제작되는 가구와 우리나라 디자이너들이 만드는 리빙, 문구 제품을 선별하여 소개하는 리빙 셀렉트 숍이다. 수작업으로 만들어진 비 아인 키노만의 아이 가구와, 함께 판매 중인 소품을 세트로 제안하여 스타일에 맞게 상품을 선택할 수도 있다. 아이방 꾸미기가 고민인 부모라면 활용해 보는 것도 좋겠다.

경기도 용인시 수지구 상현동 5-14 1F
031-261-6190 www.wekino.co.kr

데이글로우 *DAYGLOW*

모노톤, 간결한 형태, 기능성과 위트가 섞인 아이디어를 기본으로 한 유럽 및 전 세계의 독특한 브랜드 아이템을 판매한다. 대부분의 제품은 여러 브랜드의 현지 본사를 통해 정식 수입하고 있으며, 시즌에 따라 새로운 브랜드 및 상품을 지속적으로 소개하고 있다. 블로그를 통해 다양한 이벤트 및 판매 제품에 대한 인테리어 팁도 알려준다. 아직 정식 매장은 없지만 팝업 스토어 행사로 오프라인에서 만나 볼 수 있다.

02-6397-9937 www.dayglow.co.kr

스칸디나비안디자인센터

직구족이 늘어나면서 해외에서의 물건 구입이 어렵지 않게 되었다. 스웨덴에 기반을 두고 있으며, 9,000개 이상의 인기 브랜드 제품을 만나 볼 수 있는 곳이다. 249달러 이상 주문하면 국내까지 무료배송이 가능하고, 최저 배송료는 19달러이지만 무게에 따라 변동될 수 있으니 구입 전 꼼꼼하게 확인한다. 국내에서 구할 수 없는 디자인이 대부분이고, 배송비나 관세를 포함해도 국내보다 저렴할 때가 많아 매력적이다.

+46-480-44-99-20 www.scandinaviandesigncenter.com

드로잉엣홈 *DRAWINGatHOME*

홈페이지에서부터 북유럽의 분위기가 강하게 느껴진다. 젊은 디자이너의 감각적인 안목과 노하우를 통해 모던하면서 유니크한 패턴, 과감한 컬러 매치로 드로잉엣홈만의 스타일을 지켜나가고 있다. 직접 제작한 패브릭 아이템들은 퀄리티 높은 브랜드 원단을 사용하였고, 수입하고 있는 인테리어 제품과 잘 어울리는 작은 소품부터 빈티지한 물건에 이르기까지 다양한 느낌을 연출하고자 한다.

02-2226-7409 www.drawingathome.co.kr

집에서 즐기는 캠핑
Outdoor Item Shop

요즘은 굳이 자연을 찾아 떠나지 않아도 베란다나 발코니에서 햇살과 바람을 느끼며 여유를 즐길 수 있다. 집에서도 멋진 아웃도어 라이프를 꿈꾸는 이들을 위해, 캠핑 아이템 가득한 숍을 준비했다.

Hollain　　camping is　　A.NATIVE

홀라인 *Hollain*

얼마 전 홍대에 매장을 오픈한 홀라인. 2011년에 문을 열었지만 그동안 온라인을 통해서만 상품을 구입할 수 있어 조금은 아쉬웠던 이들에겐 희소식이 아닐 수 없다. 아웃도어 라이프를 위한 개성 있는 장식품, 액세서리와 가방, 캠핑 웨어는 물론, 홀라인의 주력 아이템인 아웃도어 퍼니처도 눈으로 직접 확인하고 만져보며 구입할 수 있게 되었다.

서울시 마포구 독막로15길 7
070-7727-3908 www.hollain.com

캠핑이즈 *camping is*

감성캠핑 멀티숍 캠핑이즈는 야외활동을 즐기기 위한 다양한 상품은 물론, 캠핑과 관련된 문화를 함께 소통하며 공유하자는 취지로 마련된 공간이다. 1층은 캠핑이즈의 대표적인 브랜드 상품이, 2층은 여러 캠핑 제품을 만나볼 수 있는 전시장으로 운영되고 있다. 또한 아웃도어 체험이 가능한 야외 캠핑 정원도 꾸며두어 아이들과 나들이 삼아 가보기에도 좋다.

경기도 남양주시 진건읍 양진로376번길 27
031-529-3193 www.campingis.co.kr

HIBROW

PIMLICO

HAUSWESEN

어네이티브 *A.NATIVE*

이태원에 둥지를 튼 멀티 캠핑 체험숍. 작은 가정집을 콘셉트로, 거실에는 기존 제품을 친숙하게 만져보고 경험할 수 있는 공간으로 구성하고, 2개의 방에는 각각 아웃도어 우드퍼니처와 스코젠으로 아늑함과 인더스트리얼한 느낌을 살렸다. 도심 안에서 잠시 쉴 수 있는 공간이 되길 바라는 주인장의 마음이 담긴 CAFE CABIN도 1층에 함께 운영 중이다.

서울시 용산구 한남대로42길 15
070-8867-0181 www.a-native.com

하우스위즌 *HAUSWESEN*

독일어로 '살림' 이라는 뜻의 하우스위즌은 아웃도어라이프에 디자인을 더해 실용적이고 개성 있는 제품을 추구한다. Southwestern Pattern을 모티브로 한 블랭킷과 쿠션, 매트를 중심으로, 일본 알파인 디자인社의 헥사타프, 도플갱어 아웃도어의 티피 텐트 등도 함께 판매하고 있으며, 인테리어 용도로 사용해도 무방할 만큼 감각적인 제품이 많다. 아직은 온라인으로만 만나 볼 수 있다.

070-8251-7028 www.hauswesen.com

핌리코 *PIMLICO*

2012년 론칭한 핌리코는 티타임, 여왕, 빅벤과 같은 영국의 아이콘 중 하나인 덱체어를 시작으로 볼수록 탐나는 다양한 제품을 수입하며 그 이름을 알리고 있다. 핌리코의 모든 브랜드 가구들은 환경보존에 뜻을 함께하고 있으며, 친환경자재를 이용하여 핸드메이드로 만들어진다. 글램핑 텐트를 비롯한 몇몇 제품은 대여도 가능하니 문의해보는 것도 좋겠다.

서울시 강남구 학동로33길 42
070-4114-2312 www.pimlico.co.kr

하이브로우 *HIBROW*

아웃도어 라이프를 즐기던 형제가 개인적으로 사용할 가구를 만들면서 시작된 하이브로우. 플라스틱 박스에 캠핑용품을 담아 놓고 쓰다가 필요할 때마다 나무로 된 상판을 올리기만 하면 테이블로 변신하는 캐리어 테이블은 하이브로우만의 대표작이다. 야외용이기는 하지만 집 안에 두어도 전혀 어색하지 않을 만큼 자연스러운 디자인이 눈길을 끈다.

경기도 의왕시 독정이길 15-10
031-422-8903 www.hibrow.co.kr

조금 특별한 타일을 찾아서
Tile Shop

그저 마감재에 불과했던 타일이 화려한 컬러와 감각적인 패턴을 입고 변신 중이다. 어떤 타일을 골라야 할지 막막하다면, 다양한 제품이 가득한 타일전문점을 만나보자.

kienho   YOUNHYUN

키엔호 *kienbo*

독특한 패턴의 유럽 엔커스틱 시멘타일과 동남아시아에서 직수입한 친환경 티크 고재를 중심으로, 다양한 인테리어 아이템을 만나볼 수 있다. 매장에는 핸드메이드타일, 데코타일, 패턴타일 등 키엔호에서만 판매하는 여러 가지 제품들이 구비되어 있어, 나에게 맞는 타일을 쉽게 고를 수 있다. 얼마 전에는 Shop In Shop 개념으로 서울 논현동 자재거리에 매장을 오픈했다.

서울시 마포구 독막로4길 3
02-717-6754 www.kienho.com

상아타일 *SANGAH TILE*

1979년 설립되어 꾸준히 타일 개발에 힘써온 상아타일. 1~5층까지 건물 전체를 전시장으로 꾸며, 누구나 방문하여 타일을 직접 눈으로 보고 만져보며 신중하게 선택할 수 있게끔 배려하였다. 사옥 1층에는 '세리움(CERRIUM)'이라는 복합문화공간을 두어 판매뿐 아니라 전시, 포럼, 이벤트 등 다양한 문화적인 혜택도 누릴 수 있도록 했다.

서울시 강남구 논현로 618
02-3442-1250 www.sangahtile.co.kr

ileap   The Girl On The Moon

윤현상재 YOUNHYUN

최고급 이태리 타일에서 합리적인 가격대의 중
국 타일에 이르기까지 많은 종류의 제품이 준비
되어 있다. 2층 타일쇼룸은 지하 메인 매장과
차별화를 둔 제품들로 채웠고, 3층 갤러리는 건
축가 및 각 분야의 디자이너와 아티스트들이 소
통할 수 있는 실험적인 전시가 열린다. 따로 세
일존을 두어 각국에서 수입한 100여 종의 제품
들을 저렴한 가격에 구입할 수 있다.

서울시 강남구 학동로26길 14
02-3444-4366 www.younhyun.com

이립 ileap

오랜 기간 인테리어 자재 수입업체를 운영해온
노하우를 가지고 오픈했다. 공간에 포인트가 되
어줄, 빈티지한 타일은 그냥 세워두는 것만으로
도 인테리어가 된다. 타일을 상판으로 한 테이
블이나 재활용 자재로 만든 인테리어 소품, 가
드닝 제품도 눈길을 끈다. 특히 테이블은 이립
에서 판매 중인 타일 가운데 마음에 드는 제품
을 선택해 맞춤 제작이 가능하다.

서울시 서초구 신반포로47길 68 평화빌딩 402호
02-545-4090 www.ileap.co.kr

더걸온더문 The Girl On The Moon

단순한 패턴을 넘어 개성 있고 감각적인 스케치
를 담아낸 타일이 가득하다. 모두 자체 제작된
디자인으로, 프린트 작업 후 열처리 가공을 하
여 오래 사용할 수 있는 내구성을 지녔다. 스케
치, 실크스크린, 바느질 등은 전부 핸드메이드
로 제작되며, 디자인이 독특하고 아름다워 냄비
받침이나 코스터, 장식용으로 쓰거나 욕실이나
주방 리폼 시에도 적당하다. 아직 오프라인 매
장이 없음이 아쉬울 뿐이다.

070-7570-3357 www.thegirlonthemoon.com

두오모반요 Duomo Bagno

서울 논현동에 이미 수입가구, 조명 등의 쇼룸을
갖추고 있는 두오모가 욕실 및 타일 제품과 관련
해 오픈한 두오모반요. 이탈리아, 스페인 등 여
러 국가의 타일 제품을 수입해 판매하고 있다.
국내에 잘 알려지지 않은 제품을 선별하여 합리
적인 가격대로 소개하고 있으며, 바닥, 벽, 외장
용은 물론 주방, 욕실, 거실 및 상업공간에도 사
용이 가능한 제품을 다양하게 구비하고 있다.

서울시 강남구 논현로 737 평화빌딩
02-516-3022 www.duomokorea.com

자작나무의 무한한 매력
Birch Decoration Shop

더 이상 장식을 덧댈 필요 없이 그 모습 그대로가 가장 아름다운 자작나무. 현대적이면서도 자연스러운 자작나무 가구와 소품들이 최근 큰 인기를 끌면서, 취급하는 곳도 많아졌다. 자작나무의 매력을 눈으로 직접 확인할 수 있는 숍을 소개한다.

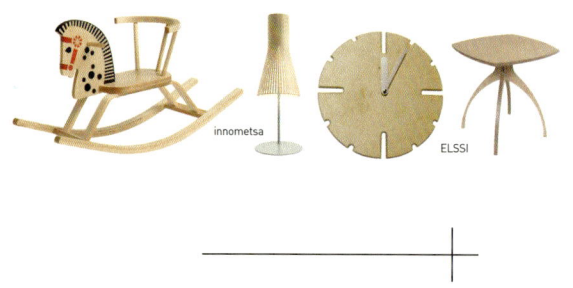

이노메싸 *innometsa*

이노메싸는 북유럽 디자인 전성기인 50~60년대 디자인과, 현재 다시 부흥기를 맞고 있는 노르딕 국가의 유명·신진 디자이너들이 작업한 독창적 디자인 제품과 브랜드를 2006년부터 꾸준히 선보이고 있다. 매장에는 스칸디나비아의 차별화된 심플함과 실용성을 담은 자작나무 제품들이 많이 구비되어 있어 곳곳을 둘러보며 구경하는 재미 또한 쏠쏠하다.

서울시 서초구 양재천로 127 B1F
02-3463-7752 www.nordicdesign.kr

엘씨 *ELSSI*

핀란드에서 온 1등급 자작나무를 수입해 감각적인 디자인의 가구를 소개하는 엘씨. 이곳에서는 자작나무를 인테리어에 적용한 다양한 아이디어를 만나볼 수 있다. 화려한 디자인보다 자작나무 특성을 잘 살린 제품이 주를 이룬다. 특히 쉽게 조립하고 분해할 수 있는 'PULI' 제품은 어떤 장소에서든 본인이 원하는 디자인으로 설치하고 변형할 수 있어 공간 활용도가 뛰어나다.

서울시 용산구 한강대로23길 55 5F
02-2012-0771 www.elssi.co.kr

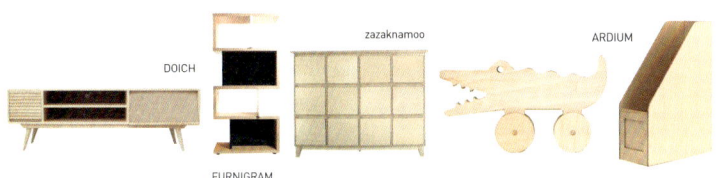

퍼니그람 *FURNIGRAM*

간결하고 독특한 디자인으로 시선을 사로잡고 있는 브랜드 퍼니그람. 표준 제품 디자인을 크게 벗어나지 않는 범위 내에서 사용자의 요청에 따라 컬러, 자재, 사이즈 등을 변경하여 맞춤 제작하는 방식을 택하고 있다. 통통 튀는 스타일의 재미난 자작나무 가구와 소품은 소장품으로서도 충분한 가치를 가진다. 퍼니그람의 새로운 디자인 행거 브랜드 'hay'도 눈여겨 볼만하다.

서울시 강남구 도산대로78길 38
02-2676-8345 www.furnigram.com

자작나무 *zazaknamoo*

2008년 문을 연 핸드메이드 가구공작소 자작나무. 이름처럼 따뜻함이 묻어나는 자작나무 제품이 주를 이룬다. 모든 제품은 친환경 자재로 제작한다. 때문에 가구를 만나기 위해선 기다림의 시간이 요구되지만, 대신 세상에 하나뿐인 손맛나는 제품을 만나볼 수 있는 즐거움이 기다리고 있다. 'by zazak'이라는 고유 브랜드를 통해 좀 더 저렴한 제품도 소개하고 있다.

대전시 동구 새울로109번길 20
042-625-2608 www.zazaknamoo.com

도이치 *DOICH*

도이치는 북유럽 라이프 디자인을 콘셉트로, 원목 소재와 친환경 소재의 홈데코 상품을 판매하는 브랜드이다. 특히, 독일 AURO社의 천연 소재 페인트와 국내 시판되는 최상위 등급의 자작나무 원목으로 제작된 '팀버나인(TIMBER9)' 시리즈는 심플하고 미니멀한 디자인으로 주목받고 있다. 얼마 전에는 경기도 광주시 오포읍에 100평 규모의 두 번째 직영 쇼룸을 오픈했다.

경기도 파주시 문발로 220 이채쇼핑몰 C동 B1
070-4699-4219 www.doich.co.kr

아르디움 *ARDIUM*

아르디움은 실험적인 크리에이티브 정신과 절제된 디자인 미학을 모티브로 설립되었다. '디자인다'라는 브랜드로 문구 제품을 런칭해 자체개발 상품은 물론, 국내 파트너社의 독자적인 제작기술을 바탕으로 다양한 제품을 출시하고 있다. 수작업으로 마감한 친환경 우드토이는 아이들 선물로 안성맞춤. 본사 1층에 위치한 매장에는 아울렛 코너와 카페도 마련되어 있다.

경기도 파주시 문발로 203
031-955-1543 www.ardium.co.kr

알뜰 쇼핑의 완벽한 길
Furniture Outlet

좋은 제품과 합리적인 가격, 두 마리 토끼를 모두 잡고 싶다면 할인매장으로 눈을 돌려보길 권한다. 눈여겨보았던 가구를 직접 확인하고 저렴하게 구입할 수 있는 혜택을 누려보자.

엘린데코 *ELIN DECO*

창고형 가구 아울렛 엘린데코는 고급스러운 수입 가구부터 개성 있는 인테리어 가구들까지, 다양한 상품을 합리적인 가격대로 장만할 수 있는 보물창고다. 스크래치·이월·진열가구를 기존 수입가 및 브랜드가보다 최대 80%까지 할인된 금액으로 구입할 수 있다. 저렴한 가격 때문에 찜해 둔 가구도 금세 품절될 수 있으니 발 빠르게 움직이자.

경기도 용인시 처인구 모현면 왕림로 164
031-338-9934 cafe.naver.com/elindeco

모델홈 *MODEL HOME*

모델하우스, 디스플레이 회수제품을 80~90% 할인 판매하는 리퍼브(Refurbish) 숍으로, 새것과 다름 없는 상품을 파격적인 가격에 판매하고 있다. 이태리산 침대부터 유명 수입브랜드의 소파와 샹들리에, 스탠드 등 작은 소품에 이르기까지 웬만한 아이템은 모두 갖추고 있다. 구입 후 A/S도 기본! 잘 고르면 파리 벼룩시장에서 봄직한 앤티크 제품도 좋은 가격에 장만할 수 있다.

경기도 성남시 분당구 궁내로40번길 37-5
031-751-8809 blog.naver.com/modelhome

BONOYA

CASAMIA

HAPPY WAREHOUSE　　DESIGN VENTURES

보노야 *BONOYA*

인테리어 전문 브랜드 한성아이디에서 운영하는 가구 할인매장이다. 여타 아울렛과 마찬가지로 모델하우스, 방송 등에 협찬한 상품을 최대 70%까지 할인된 가격으로 만나볼 수 있다. 다양한 콘셉트의 가구를 제작하는 브랜드인 만큼, 실용성을 강조한 스마트한 가구와 아기자기 한 소품 등 구매 욕구를 자극하는 제품이 곳곳에 숨어 있다.

경기도 광주시 오포읍 오모로 404
070-8874-9912 cafe.naver.com/bonoyaoutlet

까사미아 *CASAMIA*

4개의 층으로 이뤄진 파주 매장은 아울렛 외에도 다이닝 카페인 '까사밀'과 실속형 브랜드인 '데일리까사미아'를 함께 운영하며 방문객에게 볼거리를 제공한다. 팩토리 아울렛 매장에만 적용되는 합리적인 가격 조건과 실용적인 쇼핑의 기회를 누구나 경험할 수 있다. 홈페이지를 통해 입고 예정 리스트를 미리 확인한 뒤 방문하면, 더 편리하게 쇼핑을 즐길 수 있다.

경기도 파주시 문발로 127
031-8035-6250~1 cafe.naver.com/casamiapaju

행복창고 *HAPPY WAREHOUSE*

경기도 광주로 매장을 옮겨 새 단장을 끝낸 행복창고는 이름만 대면 누구라도 알만한 유명 브랜드 가구제품을 30~80% 저렴한 가격에 살 수 있다. 운송 중 발생한 스크래치 제품이나 단순변심에 의한 반품제품, 이월제품, 디스플레이제품 등을 직접 눈으로 체크하여 상태 좋은 제품만 들여온다. 본점인 광주뿐 아니라 수원, 인천, 대전, 부산 등에도 지점이 있다.

경기도 광주시 오포읍 오모로 558
031-797-1120 cafe.daum.net/full-house.

디자인벤처스 *DESIGN VENTURES*

직영점에 마련된 아울렛에서는 흠이 크게 보이지 않는 깨끗한 진열상품을 전시해두고, 정가보다 30~40% 저렴한 가격으로 판매하고 있다. 모던하고 심플한 원목가구가 주를 이루고 있으며, 시즌별 제품들이 다채롭게 구비되어 있다. 직접 매장까지 찾아오기 힘든 소비자를 위해 홈페이지 내 아울렛 카테고리도 마련되어 있으니 참고하도록 한다.

서울시 강남구 압구정로 104 3F
02-3444-3382 www.designventures.co.kr

주방 트렌드를 한눈에 보는 곳
Kitchen Showroom

주방과 거실의 경계가 허물어질 정도로 주방의 역할이 커지고 있는 요즘, 주방 인테리어에 대한 관심이 어느 때보다 뜨겁다. 주방 트렌드가 궁금하다면 지금부터 소개할 쇼룸으로 발길을 옮겨보자.

리첸 *RITCHEN*

㈜리바트의 주방가구 브랜드 리첸의 전시장에서는 무라노, 프리모 등 프리미엄급 주방가구는 물론 시스템장과 붙박이장, 거실장 등 다양한 라인업의 주문가구가 전시되어 있다. 친환경 주문가구서비스를 제공하며, 이를 통해 주방을 비롯한 전체 가구를 원하는 스타일에 맞춰 설계·제작·시공이 가능하다. 청담, 분당, 서초 등에 잇따라 전시장을 열어 고객과 만나고자 한다.

서울시 강남구 언주로 846
02-3471-9980 www.ritchen.co.kr

넵스 *Nefs*

서울 삼성동에 위치한 멀티 키친 전시장으로, 넵스 프라임 제품을 포함해 국내외 다양한 브랜드의 최신 주방 트렌드를 한눈에 살펴 볼 수 있다. 2층에 위치한 Nefs Zone은 자연석으로 장식한 친환경 인테리어로 디자인되어 있고, 3층에는 이탈리아 주방가구 Toncelli가, 4층은 독일 Eggersmann과 이탈리아 Cesar의 제품이 전시되어 있다.

서울시 강남구 봉은사로 427
1566-2300 www.nefs.co.kr

노빌리아 *Nobilia*

GERMAN GALLERY는 SK D&D에서 수입하는 브랜드만으로 구성된 전시장. 이곳을 통해 새롭게 선보이고 있는 맞춤주방가구 노빌리아는 100여 개가 넘는 도어 마감과 90여 개의 손잡이 타입, 24가지의 주방 수납장 등 다양한 제품군을 갖추고 있어 고객이 원하는 맞춤 디자인이 가능하며, 고객의 편의를 위해 24시간 상담 서비스도 실시한다.

서울시 강남구 학동로 129
02-2156-4700 www.nobilia.de

에넥스 *ENEX*

서울 논현동 가구거리에 위치한 6층 규모의 에넥스 플래그 숍은 2011년 에넥스 '창립 40주년'을 맞아 선보인 매장이다. 주방가구부터 일반 침실, 거실, 자녀방에 어울리는 인테리어 가구까지 한자리에서 만나 볼 수 있다. 특히 3~5층까지는 주방가구와 붙박이 수납가구를 전시하고 있으며, 다양한 제품을 실 평형대에 맞추어 전시 · 판매한다.

서울시 강남구 학동로 124
02-3443-8833 www.enex.co.kr

한샘 *HANSSEM*

한샘키친바흐는 한샘의 프리미엄 주방가구를 전시하는 대형 매장이다. 이곳에서는 키친바흐를 비롯한 합리적 가격대의 유로 시리즈 등의 주방가구와 빌트인 수납가구, 키친웨어까지 볼 수 있다. 또한 쉽고 편리하게 주방가구를 체험할 수 있는 다양한 공간도 마련되었다. 상품기기체험존과 셀프코디존, 샘플하우스, 스마트가이드존 등을 갖췄다.

서울시 양천구 등촌로 46-1
02-2655-0830 www.hanssem.com

알노 *ALNO*

85년 전통의 ALNO社는 독일의 명품 주방가구 회사이다. 세계 64개국 7,000개의 대리점을 운영하며, 규모와 인지도 면에서 주목 받고 있다. 서울 논현동에 위치한 쇼룸에는 로맨틱하고 클래식한 라인부터 절제되고 모던한 라인에 이르기까지 다양한 스타일의 제품들로 구성되어 있으며, 직접 눈으로 확인할 수 있도록 전시해 두었다.

서울시 강남구 논현로 727 3F
02-548-3385 www.alno.co.kr

인테리어하기 전 둘러볼 욕실 제품 전시장
Bathroom Showroom

마음에 드는 욕실 공간을 보고 '아차!' 싶어도 때는 이미 늦었다. 공사가 시작되기 전, 아이디어 스케치 단계가 욕실 쇼룸 답사의 적기다.

로얄&컴퍼니 *Royal Gallery*

독특한 외관과 실내 구조로 이미 학동역 인근의 랜드마크가 된 건물이다. 각 층은 욕실 인테리어 제품 전시장, 건축전문서적을 갖춘 북카페와 레스토랑, 아트갤러리 등으로 채워져 있다. 전시장에는 시뮬레이션 메뉴를 통해 직접 욕실 공간을 구성해볼 수 있는 아이디어들로 넘쳐난다. 특히 각종 문화 강좌가 열리는 렉처홀은 매일 방문객들로 분주하다.

서울시 강남구 논현로 709
1566-7070 www.iroyal.kr

대림비앤코 *THE BATH DAELIM*

대림바스는 본사 건물 1, 2층에 자체 직영 쇼룸인 'THE BATH DAELIM'을 두고 있다. 약 660㎡의 쇼룸은 'Innovation, Creative & Green'이라는 콘셉트 아래, 모든 라인을 직접 경험하고 체험해볼 수 있는 공간으로 꾸며져 있다. 욕실 토털 플래닝 서비스 'BATH PLAN'의 9가지 스타일을 직접 확인, 각자의 취향에 맞춰 선택할 수 있고 상담도 가능하다.

서울시 강남구 학동로 105
1588-4360 www.daelimbath.com

콜러 KOHLER

100년 역사를 자랑하는 미국의 세계적인 욕실 브랜드 콜러는 국내 비데업체인 노비타를 인수하며 재작년 국내에 정식으로 런칭했다. 쇼룸에서는 수전, 세면기, 비데, 양변기 등의 개별 제품뿐만 아니라 4가지 타입의 욕실 풀패키지를 만나볼 수 있다. 특히 콜러의 최첨단 양변기 누미는 현대적인 바디와 콤팩트한 디자인으로 눈길을 끈다.

서울시 강남구 남부순환로 2704 3F
02-576-0613 www.kohler.co.kr

인터바스 Interbath!

일반인들에게 꽃무늬 도기로 많이 알려져 있는 브랜드로, 도기에 전사(스크린)로 문양을 입혀 제작한 디자인이 강점이다. 전시장은 본사가 위치한 서울 강서구 화곡동에 있으며 2층부터 4층까지 규모로 웬만한 욕실 관련 구성품은 모두 만나볼 수 있다. 또한 리모델링 수요자를 위해 금액대별 패키지를 제안하고 시공 상담까지 하고 있다.

서울시 강서구 화곡로 217
02-2601-0141 www.interbath.co.kr

이누스 INUS

타일 및 위생도기 전문기업 아이에스동서의 욕실브랜드다. 청담동 본사 인근에 자사의 제품군을 전시한 이누스(INUS) 전문 전시장을 갖고 있다. 프랑스 출신의 설치 미술작가인 Elodie Domand De Rouvile가 작업을 맡아 프랑스의 감각적이고도 예술적인 인테리어로 꾸며졌다. 위생도기와 타일이 자연스럽게 분리되도록 공간을 배치했다.

서울시 강남구 도산대로 532 1F
02-512-8362 www.inushaus.com

아메리칸스탠다드 Bathhaus

아메리칸스탠다드의 욕실전시장 '바스하우스(Bathhaus)'는 서울 삼성동에 위치해 있다. 본사와 함께 있는 쇼룸으로 월풀욕조, 세면기, 양변기, 수전 등 다양한 제품을 기능과 디자인별로 전시해 두었다. 지상 2층 규모로, 특이한 라인으로 인기를 끌고 있는 타운스퀘어시리즈, 앤티크한 욕실 인테리어 어울리는 헤리티지 시리즈 등을 만나볼 수 있다.

서울시 강남구 영동대로112길 66
1588-5903 www.americanstandard.co.kr

발품 팔아 구경하는 조명
Lighting Shop

조명은 집 안 분위기를 바꾸는 일등공신이지만, 인터넷에서 이미지만 보고 주문했다가는 생각과는 다른 모양과 크기에 낭패 보기 십상이다. 직접 돌아보고 구입할 수 있는 알찬 조명 숍을 소개한다.

엠 라이팅 *M Lighting*

옛 창고를 개조해 노출콘크리트로 빈티지하게 마감한 외관이 주변 조명가게 사이에서도 단연 눈에 띈다. 1층에는 벽 등과 샹들리에를 중심으로 한 대형 조명이 전시장 벽면을 가득 채우고 있고, 2층에는 각종 Drop-down 조명과 스탠드, 그리고 포인트 조명들이 전시되어 있다. 원목 서까래를 그대로 드러낸 인테리어 감각은 조명을 돋보이게 하는 일등공신!

서울시 중구 을지로 161
02-2285-4891~3

메가룩스 *MEGALUX*

을지로 조명 숍 중 이곳을 모르면 간첩이라 할 정도로 종류가 다양한 메가룩스. 3층에 걸친 전시장에는 수백 개의 조명이 반짝반짝 불을 밝히고 있다. 1층에는 벽등과 아이방등이, 2층에는 스탠드를 비롯한 젊은 감성의 포인트등이, 3층에는 화려한 샹들리에와 아방가르드한 대형등이 구비되어 있다. 디자이너들의 단골매장이기에 품질과 서비스도 보장할 수 있다.

서울시 중구 을지로 162-1
02-2265-6911 www.megalux.kr

와츠 *Watts*

100여 평이 넘는 넓은 매장에 자체적으로 수입한 디자인 조명을 갖춘 대형 조명매장으로, 매장 입구에서부터 시작되는 고급스럽고 우아한 조명들은 시선을 잡아끈다. 바닥에 두서없이 놓여 있는 다른 매장들과는 다르게 테이블 위, 러그 위, 그리고 선반 위에 가지런히 놓인 조명들은 소비자들에게 인테리어와 함께 조명 배치를 그릴 수 있도록 돕는다.

서울시 강남구 선릉로 747 1F
02-517-3082 www.wattslighting.com

룩스맨 *Luxman*

서울 7호선 학동역 가구거리 초입, 빨간색의 독특한 '룩스맨' 로고가 눈에 띈다. 이곳에서 판매하는 팝아트스러운 조명 하나면 어떤 공간이든 재미있게 변신할 수 있다. 매장은 세 개의 층으로 구성되어 있으며, 구성원의 라이프스타일을 고려해 전체적인 '감성 디자인'을 추천해주는 컨설팅 서비스를 통해 집 안 분위기를 바꿔볼 수 있다.

서울시 강남구 언주로 565
02-567-7005

작은 면적에 더 인기 있는 원목가구에 대한 궁금증

은은하고 간결한 디자인, 그 안에서 느껴지는 온기, 거기에 실용성까지 갖춘 나무 소재 가구는 작은 공간을 더욱 넓어 보이게 한다. 시간이 지날수록 그 멋을 더하는, 원목가구에 대한 궁금증 몇 가지.

– 01 원목가구와 MDF가구 구별 방법
요즘 원목과 비슷한 느낌의 필름을 입힌 가구가 원목가구로 둔갑하고 있다. 상황이 이렇다보니 주의 깊게 확인하지 않으면 실제 원목인지 아닌지 구별하기조차 힘들어진다. 무늬목필름은 대부분 표면이 아주 매끄럽고, 자세히 살펴보면 나무 특유의 질감이 느껴지지 않는다. 또한 필름을 붙인 이음새가 발견되기도 한다. 종종 저가의 집성목 또는 MDF에 무늬목을 입혀 원목이라고 말하는 경우가 있는데, 이럴 때는 집성목인지 나무의 재질은 어떤 것인지를 꼼꼼히 체크해 선택하도록 한다.

– 02 북유럽 가구에 주로 사용되는 Plywood
천연원목을 가공한 플라이우드는 겹겹의 패널을 종이처럼 자유롭게 구부리는 밴딩 기술을 말한다. 언뜻 보면 원목과 헷갈릴 수 있지만 단면을 보면 금세 알아차릴 수 있다. 판재를 지그재그로 붙여 갈라지거나 휘는 목재의 단점을 보완한 자재로 원목재에 따라 품질이 천차만별로 차이가 난다. 보통 판재를 3·5·9매로 붙여 제작하고 두께는 1~30㎜로 다양하다. 북유럽에서는 자작나무원목 자체로 활용하기 힘든 특성 때문에 많이 등장하고 있다.

– 03 원목가구의 유지·관리법
가구 위에 차거나 뜨거운 그릇을 바로 올려놓으면 자국이 그대로 남기 때문에 식탁이나 테이블의 경우 가급적 매트 등을 깔고 물건을 올려야 한다. 얼룩이 심한 경우에는 3~6개월에 한 번씩 물에 옅게 탄 중성세제를 수건에 적셔 가볍게 닦아주면 깨끗한 상태를 유지할 수 있다. 단, 제품의 본래 색상은 그대로 복원하기 힘들다는 점은 미리 숙지하도록 한다. 이밖에 오염을 조금이나마 피하고 싶다면, 가구용 왁스를 발라두는 것도 하나의 방법.

집 안 분위기를 바꾸고 싶을 때
WALLPAPER vs PAINTING

집 안 분위기를 바꾸고 싶을 때 가장 효과적인 방법 중 하나는 바로 벽에 변화를 주는 일이다. 이제부터 각 공간에 어울리는 벽지와 페인팅에 대한 궁금증을 숙지한 후, 인테리어 변화를 시도해 보자.

WALLPAPER

– 01 벽지의 종류

– 실크 벽지 : 일반적으로 가장 많이 사용하는 벽지로 PVC 벽지라고도 한다. PVC와 종이가 벗겨져 분리되므로 재시공이 용이하다. 오염되었을 때 물걸레로 닦아내면 쉽게 지워진다.
– 합지 종이 벽지 : 천연 종이를 사용해 인체에 무해한 친환경 벽지. 우리나라에서는 저가에 속하지만 유럽이나 미국에서는 실크 벽지보다 더 선호해 컬러와 패턴이 다양하다.
– 직물 벽지 : 종이에 직물이 배접된 벽지. 직물의 특성상 보온성과 흡습성, 방음성이 좋다. 일반적으로 패턴 부분을 전사한 것을 많이 사용하는데, 주로 포인트 벽에 시공한다.

– 02 벽지 소요량 및 비용

벽지 소요량은 도배 면적을 실측하거나 설계 도면을 이용해 산출하는 것이 가장 정확한 방법이다. 하지만 일반적으로 면적의 3배 정도로 계산한다. 벽지 길이는 기본 걸레받이 사이즈인 10㎝ 여유분을 더한 240㎝ 정도가 적당하다. 국산 벽지와 수입 벽지는 폭에서 차이가 있는데, 일반적으로 국산 벽지는 폭이 100~120㎝, 수입 벽지는 30~60㎝이다. 따라서 벽지 필요량은 수입 벽지와 국내 벽지에 따라 차이가 있다. 국산 벽지는 1롤로 약 16.5㎡, 수입 벽지는 약 4.95㎡를 도배할 수 있다. 결국 총 도배 비용을 계산하면, '도배 면적×3.3㎡당 벽지 가격+인건비'인 셈이다.

– 03 벽지 관리법

벽지는 가능하면 커튼이나 블라인드 등을 이용하여 직사광선을 피하는 것이 좋다. 만약 얼룩이나 곰팡이가 생겼다면 물수건에 중성세제를 묻혀 닦아내도록 한다. 물수건으로 닦을 때는 이음매 부분에 물이 스며들지 않게 주의한다. 벽지 시공이 잘못되거나 과도한 냉난방으로 인해 가장자리가 들뜬 경우에는 분무기로 물을 뿌리고 10분 정도 기다린다. 이후 보수용 풀을 바르고 주걱이나 롤러로 평평하게 쓸어내리며 눌러준다. 가운데가 들뜬 경우는 바늘구멍이 큰 주사기를 사용해 보수용 풀을 조금씩 주입시킨 다음 롤러로 눌러준다. 벽지의 일부가 찢어졌다면, 벽지 안팎으로 물을 바르고 5분 정도 지나 벽지를 벗겨낸 후 보수용 풀을 발라 원상태로 붙이고, 롤러로 세심하게 마감한 뒤 풀 자국을 닦아낸다.

PAINTING

미국이나 유럽에서 페인트는 이미 보편적인 마감재로, 벽과 천장, 가구 등에 페인트칠을 해 개성 있는 인테리어를 연출하곤 한다. 최근 우리나라에서도 페인트 사용이 일반화되면서, 각종 페인트에 대한 관심이 높아지고 있는 추세다. 요즘 출시되는 대부분의 페인트는 사용법이 간단하고, 원하는 컬러 조색이 가능하다. 또한 다양한 인테리어 효과를 낼 수 있는 제품뿐 아니라 습기에 강하고 타일 위에도 칠할 수 있는 제품도 선보이고 있어, 욕실이나 주방 등 물이 닿는 공간에도 쉽게 페인트칠을 할 수 있다.

누구나 따라할 수 있는 페인트 시공법

기존 벽지 위에도 그대로 바를 수 있으니 보통 롤러를 이용해 쉽게 시공한다. 시공할 벽면이 심하게 울퉁불퉁할 때는 석고보드를 댄 후 페인트를 칠하기도 한다. 2~3회 쯤 칠해야 색상을 제대로 표현할 수 있으며, 칠을 한 후 2시간 정도면 재도장이 가능하다.

-01 준비하기 _ 가구나 물건은 밖으로 옮기고 고정된 가구 등은 커다란 비닐로 덮는다. 기본 벽지 상태가 양호하면 뜯어내지 않고 그 위에 바르는 것이 가장 좋은데, 종류에 따라 벽면에 직접 페인트칠을 해야 하는 제품도 있기 때문에 이런 경우에는 벽지를 떼어내야 한다. 벽지 위에 그대로 페인트를 칠하려면 벽지를 떼는 과정은 건너뛰고 표면만 정리한 후 바로 칠하면 된다. 이때 벽지에 무늬나 질감이 있으면 페인트를 칠했을 때 단조로움을 줄이고 벽면의 리듬감을 살릴 수 있다.

-02 벽면 정리하기 _ 벽지를 떼어낸 후 벽면이 고르지 못한 부분은 샌드페이퍼로 매끈하게 다듬고 갈라진 틈이나 구멍 등은 헤라 등을 이용해 막는다. 이 과정을 꼼꼼하게 해야 페인팅하고 난 뒤 벽면이 깔끔하다.

-03 커버링하기 _ 몰딩 주위나 문틀 등 페인트를 칠하지 않을 부분은 커버링 테이프를 둘러 가린다. 커버링 테이프가 없다면 대신 신문 가장자리에 마스킹 테이프를 둘러 붙여도 된다.

-04 페인트칠하기 _ 페인트칠은 우선 모서리나 구석부터 시작하고 붓은 한쪽 방향으로 결을 따라 골고루 세심하게 칠한다. 붓 자국을 최소화하려면 직선이 되도록 하는 것이 효과적이다. 넓은 벽과 천장은 롤러로 칠한다. 롤러에 페인트를 묻히고 밀대에 잘 문질러 털을 고른 후 M자 모양으로 칠하고 나머지 면을 채우듯 칠하면 페인트를 절약할 수 있다. 롤러를 떼지 않고 아래에서 위쪽으로 칠한 뒤, 손을 떼어 다시 아래에서 위쪽으로 칠하면 페인트가 튀지 않는다. 또한 한 번에 많은 양의 페인트를 묻혀 바르면 너무 두꺼워지거나 흘러내리기 쉽다. 붓의 1/2 정도만 페인트를 묻혀 붓털을 페인트 통에 대어 잘 쓸어내린 다음 바르면 깔끔하게 페인트칠을 할 수 있다. 또한 노끈을 페인트 통에 감아 붓을 고르면 페인트 통 가장자리가 지저분해지는 것을 막을 수 있다.

거실의 터줏대감, 소파 배치법

'거실' 하면 가장 먼저 떠오르는 가구, 소파. 그만큼 소파는 거실의 상징적 존재이자 핵심을 이루는 요소다. 집의 구조와 라이프스타일이 다양해지면서 소파를 선택하는 기준도 달라지고 있다. 공간을 더욱 세련되게 만들어줄 소파 연출법에 대해 알아보자.

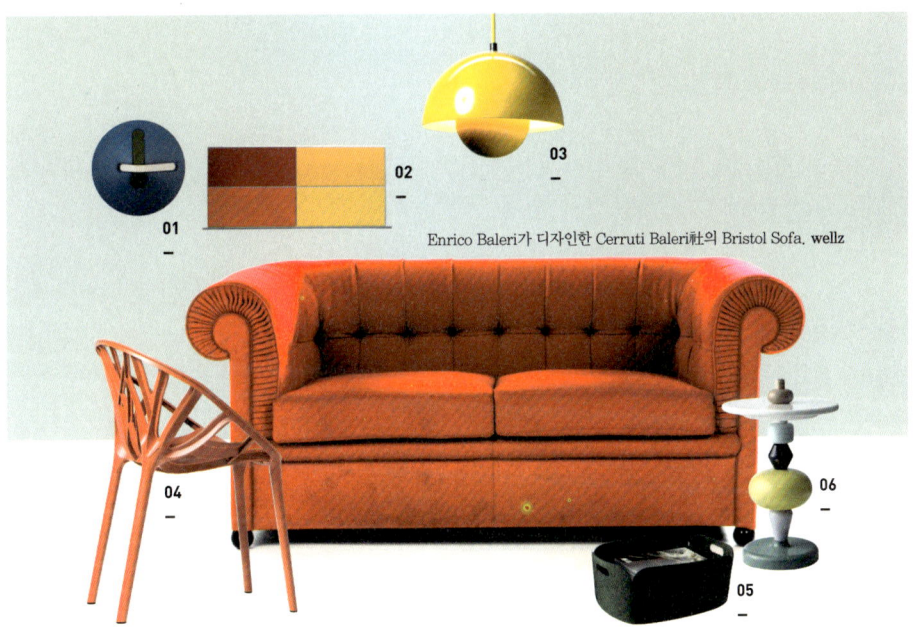

Enrico Baleri가 디자인한 Cerruti Baleri社의 Bristol Sofa. wellz

Bright Colors

블랙과 브라운 등 무채색 컬러만으로 꾸미다 보면 공간이 자칫 무겁고 딱딱해 보일 수 있다. 사시사철 같은 옷을 입고 있는 평범한 가죽 소파가 지겹다면 생동감 있는 컬러 소파에 화려한 패턴의 디자인 체어를 매치하는 것도 방법. 이제껏 보았던 어둡고 둔탁한 디자인에서 벗어나, 원색의 한결 가벼운 컬러와 다양한 디자인으로 변모한 소파는 공간에 활력을 더해줄 것이다.

— 01 알루미늄시트로 제작한 시계 Mozia. 이탈리아 건축가 GiovanniLevanti의 작품 **wellz** — 02 Danese Milano의 산뜻한 컬러의 마그네틱보드 Pin up. 80.5×9×35.5(㎝) **rooming** — 03 Verner Panton의 감각이 돋보이는 조명 FLOWERPOT VP1 **innometsa** — 04 자연으로부터 영감을 받은 Ronan & Erwan Bouroullec의 Vegetal Chair **MoMa** — 05 핀란드 디자이너 Mika Tolvanen의 친환경 다용도 바구니 Restore **rooming** — 06 블록처럼 쌓아 만들 수 있는 SHUFFLE Table. Mia Hamborg 제품 **innometsa**

01

02

05

06

03

Jamie Hayon과
스페인 BD Barcelona Design이
함께 제작한 Showtime. wellz

04

Comfortable White

누구나 하나쯤 집에 들이고 싶은 화이트 소파. 관리가 어려운 화이트 소파는 부드러운 천이나 융을 물에 적셔서 꼭 짠 다음 가볍게 닦아주도록 한다. 특히, 화이트 컬러의 패브릭 소파는 옷솔로 먼지를 자주 털어내고 커버가 탈착이 가능하다면 드라이클리닝 해주는 것이 좋다. 때 묻지 않은 화이트 소파 옆에 같은 톤의 플로어 조명과 함께 배치하면, 아늑하고 부드러운 공간으로 연출이 가능하다.

— 01 영국 디자이너 Mr. Kaliski가 만든 견고하고 가벼운 시계 Rose Clock hpix — 02 나무를 기초로, 종이와 보드지가 사용된 Paper chandelier 조명. Moooi社제품 wellz — 03 우아하게 흘러내린 드레스 자락 같은 모습의 Panton Chairs MoMA — 04 Jakob Wagner가 디자인한 RAY Table. 알루미늄 프레임으로 제작 innometsa — 05 3가지 타입의 재미있는 외형을 하고 있는, 도자기로 만들어진 꽃병 Egg Vase wellz — 06 디자이너 Arihiro Miyake의 플로어 조명. 사이즈는 W22×D80×H110(㎝) wellz

Marcel Wanders가 디자인한 Moooi社의 Boutique Leather 소파. wellz

Modern Black

차분한 블랙 컬러는 안락한 소파와 절묘한 조화를 이룬다. 톤의 차이에도 크게 동요하지 않고, 오래도록 봐도 질리지 않는 것이 블랙 소파의 장점. 혹, 분위기 전환이 필요할 때는 큼지막한 컬러 쿠션으로 포인트를 주는 것도 좋은 아이디어다. 작은 집에 소파와 커다란 테이블을 두면 거실이 자칫 답답해 보일 수 있으니 스툴을 겸할 수 있는 작은 네스트 테이블을 리듬감 있게 배치하는 것도 좋다.

— 01 절연 테이프를 재활용하여 만든 100% 핸드메이드 시계 Arcoiris **wellz** — 02 Bertjan Pot가 디자인한 Random 조명. 컬러는 블랙, 화이트 두 가지 **wellz** — 03 디자이너 John Brauer의 티슈케이스 Wipy. 13×13×13㎝ **innometsa** — 04 Fritz Hansen社의 모던한 느낌의 유리 상판이 사용된 Space Table **A.HUS** — 05 군더더기 없이 심플한 Lievore, Altherr & Molina의 Tauro 체어 **wellz** — 06 간결한 디자인의 행거 Loop Stand Hall. Leif Joergensen의 작품 **La Collecte**

ITEM

Storage & Folding Chair

공간을 조금이라도 넓게 쓰고 싶다면, 체계적인 수납과 공간 활용은 필수! 구석구석 깔끔하게 정리해 줄 수납가구와 접는 순간 어디든 간편하게 옮겨 사용할 수 있는 폴딩 체어를 소개한다.

의자 대신 사용할 수 있는 다기능 수납함 SMITH. Jonathan Olivares의 작품으로, 바퀴가 달려있어 이동이 편리하다. 40 ×32×46(㎝) **rooming**

Normann Copenhagen社와 덴마크 도예가 출신의 디자이너 Ole Jensen이 함께 만들어낸 Collect Bookcase. 40× 140×140(㎝) **innometsa**

기능성이 돋보이는 Joe Colombo의 올인원 트롤리 BOBY. 2단(53㎝), 3단(74㎝), 4단(95㎝) 등 다양한 사이즈로 출시되었다. **rooming**

PANTONE Metal Folding Chair는 상큼한 컬러가 눈에 띄는 제품이다. 이탈리아 브랜드 Seletti社 제품으로 컬러는 10가지. 44×45×79(㎝) **rooming**

120년 전통의 프랑스 아웃도어가구 페르몹(Fermob)의 BISTRO Metal Chair. 장소에 대한 구애 없이 매치하기 쉬워 실용적이며 휴대하기 좋다. 42×40×42(㎝) **a.hus**

디자이너 LISA Norinder의 NISSE Chair. IKEA社 제품으로 컬러는 핑크, 옐로우, 블루, 그린, 블랙, 화이트 6가지. 45×47×76(㎝) **icompany**

벽에 거는 수납함
STORAGE BOARD

한눈에 보기도 쉽고 정리하기도 간단한 수납 보드. 테이블 위 깔끔함이 필요할 때 안성맞춤인 멋진 수납 보드를 모았다.

식물뿐 아니라 사무용품까지 보관할 수 있는 제품. 환경을 생각한 에코플라스틱으로 만들어졌으며, 자석을 내장하고 있어 어디든 부착하여 활용이 가능하다. **Urbio**

모양이 다른 여러 개의 포켓과 훅에 물건을 꽂아둘 수 있는 스토리지 보드. 예쁜 소품을 담으면 인테리어 효과도 얻을 수 있다. 26×34×3.2㎝ **BECKSTORE**

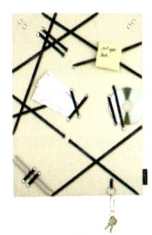

사진, 편지, 필기도구 등을 간편하게 수납할 수 있는 리본보드로, 튼튼한 고무 밴딩 사이에 물건을 끼우기만 하면 어렵지 않게 사용할 수 있다. 42×57㎝ **reisenthel**

우드 소재가 내추럴한 느낌을 더해주는 이 제품은 기본적인 수납 용도에 다채로운 기능을 더해 활용도를 높였다. 82×55㎝ **the fab**

이탈리아 브랜드 Numero74의 Wall Pocket. 친환경 소재 (Gauze 100% cotton)를 사용한 핸드메이드 제품으로 실용적인 디자인이 돋보인다. **chapter 1**

Paperage 포켓형 보드는 간단한 조립만으로 손쉽게 수납공간을 만들 수 있다. 쉽게 망가지지 않아 오랫동안 사용 가능하다. 53.5×31.2㎝ **TUNAPAPER**

산뜻함으로 무장한
Trivet

밋밋한 패턴과 단조로운 느낌의 냄비받침대는 이제 그만! 과감한 디자인, 일러스트로 무장해 요리하는 기분까지 한껏 '업' 시켜줄 Trivet을 소개한다.

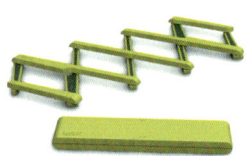

어떤 사이즈의 냄비, 팬, 그릇이라도 받칠 수 있는 실용적인 제품. 쉽게 미끄러지지 않게 고정되어 안심하고 사용할 수 있다. **josephjoseph**

독일 브랜드 SNUG의 단추 모양 Trivet인 Button board. 뜨거운 식기들을 올려놓아도 안전한, 단단한 너도밤나무로 제작되었다. 24×1.7(㎝) **hpix**

손으로 짠 니트의 따뜻함이 묻어나는 Knitted Potholders. 덴마크 ferm-LIVING의 제품으로 냄비받침 또는 컵받침으로 사용할 수 있다. 20×20(㎝) **rooming**

프랑스 디자이너 Laetitia Bertrand와 Andrea Wainer가 만든 la cocotte의 냄비받침대. 100% 코튼 속에 폴리에스테르를 채워 제작했다. 21×21(㎝) **J'aime blanc**

작은 라운드 볼로 이루어진 스웨덴 Aveva Design 제품. 고급스런 소재가 주는 원색의 컬러감이 눈을 즐겁게 해준다. 17×2(㎝) **hpix**

알바알토의 호수를 닮은 자작나무 소재의 냄비받침대로, 수작업을 통해 제작되었다. Big 1.3×21×17.5(㎝), Small 1.3×15.5×12.5(㎝) **rooming**

폼나게 대접하고 싶을 때
ART TRAY

집에 찾아온 손님에게 간단한 다과를 내어갈 때, 가장 먼저 찾게 되는 트레이(Tray). 단순한 쟁반 기능만 하기에는 너무 아까운, 그래서 더 소장하고 싶은 아트 트레이가 있다.

핀란드 Majamoo社의 심플한 트레이로, Jani Mart ikanen이 디자인했다. 자작나무합판을 이용해 수작업으로 완성되었다. 44cm **hpix**

부드럽고 러블리한 컬러의 육각형 트레이 Kaleido. 덴마크 헤이(HAY)에서 선보이는 제품으로, 사이즈가 각기 달라 자유롭게 포갤 수 있다. **innometsa**

어린 시절의 추억을 떠올리게 하는 디자이너 Ingrid Vang Nyman의 삐삐롱스타킹(Pippi-Long stocking) 트레이. 32×32(cm) **rooming**

산뜻한 색감과 감각적인 패턴으로 눈을 사로잡는 스웨덴 브랜드 CAMP CIRRUS의 트레이. 자연에서 모티브를 따온 나뭇잎 패턴이 아름답다. 32×32(cm) **hpix**

스웨덴 브랜드 아리트레이社의 트레이. 빈티지 스푼이 그려진 일러스트가 멋스럽게 느껴진다. Birch Plywood로 제작되었다. Ø38, Ø49 **innometsa**

스웨덴의 전통요리에 빠지지 않고 등장하는 청어를 모티브로 했다. 코발트블루의 컬러가 매력적인 제품이다. 40×33(cm) **rooming**

Tea Towel

본래의 용도를 다하는 것은 물론, 주방을 화사하게 해줄 티 타월. 다른 인테리어 소품에 비해 저렴한 가격으로 포인트를 줄 수 있어 충분히 매력적인 아이템이다.

노르딕 분위기를 한껏 느낄 수 있는 Almedahls의 Valmasen Kitchen Towel은 매력적인 일러스트와 컬러 조합이 돋보인다. 42×72㎝ **rooming**

Louise Fougstedt가 디자인한 Kafferepet Tea Towel. 비비드한 컬러감으로 주방에 경쾌한 포인트를 준다. 47×70㎝ **rooming**

도나윌슨의 Acorns and Leaves Tea Towel. 그녀만의 독특한 색감과 아기자기한 나뭇잎, 도토리의 조화가 재미있다. 48×80㎝ **hpix**

Moon Tea Towel. Ferm Living 제품으로 쟁반 아래나 테이블 데코용으로 사용하거나 액자로 제작해 장식용으로 활용할 수 있다. 50×70㎝ **hpix**

Flour sack Tea Towel은 미국 밀가루 포대에서 영감을 받아 제작되었다. 빈티지한 일러스트가 자연스러우면서도 유니크한 분위기를 더해준다. 46×69㎝ **Mama's Cottage**

린넨, 면 소재와 어우러져 팝한 느낌을 주는 Karringen Mot Strommen Tea Towel은 지루하게 느껴졌던 평범한 주방에 생기를 불어넣는다. 47×70㎝ **rooming**

천장에서 내려오는 빛
Lighting

어떤 걸 두는가에 따라 그 느낌이 확연히 달라지는 조명은 인테리어 효과가 가장 큰 아이템 중 하나다.
공간을 빛내줄 펜던트 조명을 소개한다.

사이즈가 큰 Under the Bell은 다이닝 테이블 위나 넓은 공간에 잘 어울리는 펜던트 램프다. 펠트처럼 가볍고 소리를 흡수해주는 기능이 있다. H46×Ø82㎝ **innometsa**

디자이너 첸 칼슨이 디자인한 제품. 조명 안에 무엇을 넣느냐에 따라 나만을 위한 맞춤제작 특별 조명이 완성된다. H35×Ø45㎝ **rooming**

핀란드어로 '반짝임'을 의미하는 Pilke 조명. 기하학적 패턴 사이로 새어나오는 빛과 그 빛이 만들어낸 그림자 또한 아름답다. 28, 36, 60㎝ 세 가지 사이즈가 있다. **rooming**

디자이너 Poul Henningsen의 이니셜을 딴 조명 PH5는 알루미늄에 무광으로 도장하여 식탁 위에서 은은한 빛을 낸다. **molteni&c**

Marcel Wanders가 디자인한 Bell Lamp. Moooi社제품으로, 세라믹으로 된 리본장식이 유니크하고 세련된 느낌을 준다. D22×H23, D35×H36㎝ **wellz**

Fuse는 이탈리아 Note Design Studio의 조명. 매트한 느낌의 세라믹과 우드 소재가 만나 불을 켜지 않아도 따뜻한 분위기를 연출해준다. BIG H24×Ø25㎝ **hpix**

공간에 계절을 담는 패브릭 소품
Cushion

한결 차가워진 날씨에 생각나는 패브릭 아이템. 집 안 가득 따뜻한 분위기를 연출하고 싶다면 부드럽
고 포근한 기운이 물씬 감도는 쿠션에 주목할 것.

오밀조밀 크로셰 뜨개질로 완성된 원형 쿠션 Marta. 차분한
분위기의 컬러 조합이 깔끔하면서 빈티지한 느낌을 자아낸다.
Ø30×D10㎝ **hpix**

네덜란드 디자인 브랜드 Tas-ka에서 집 모양으로 제작한 Play
Farm(Brown House) 쿠션은 100% 천연 원단으로 만들어져
가볍고 퀄리티가 뛰어나다. 50×50㎝ **hpix**

올빼미 쿠션은 덴마크 토털 리빙 브랜드 Brooming Ville 제
품. 어디에서도 볼 수 없는 색다른 프린트가 시선을 사로잡는
다. 50×50㎝ **whimsy**

NUMERO74의 하트 쿠션 중 믹스 파스텔(Mix-pastel) 시리
즈. Gray, Green, Pink, Blue 등 총 여섯 가지 색상이 있어
분위기에 따라 선택할 수 있다. 40×33㎝ **8colors**

Britt Bonnesen이 디자인한 Brick. 패치워크나 직소퍼즐을
연상시키는 모던하고 고급스러운 느낌의 쿠션이다. 60×
50㎝ **innometsa**

마치 눈꽃을 보고 있는 듯한 착각을 들게 하는 쿠션. 앞면에는
차분한 올리브와 블랙 컬러를, 가장자리에는 로즈 컬러를 더해
포인트를 주었다. Ø40㎝ **rooming**

찬바람이 불어올 때
Warm Item

차가운 공기와 입김이 겨울을 실감케 할 때. 집 안에 작은 변화를 주기 위한 소품으로 울과 펠트, 니트, 퍼 아이템을 골랐다.

아이들 방에 걸어두는 것만으로 멋진 Handmade Moose Wall Deco. 소재의 질감이 그대로 느껴지는 100% Wool Felt 제품이다. H30×W26×D35㎝ **Mama's Cottage**

덴마크 인테리어 디자인 브랜드 sebra에서 제작한 Lilac Crochet Poufs. 화사한 컬러는 포근하고 따뜻한 집을 완성해주기에 충분하다. 32㎝, 36㎝ **J'aime blanc**

타조 깃털로 만든 먼지떨이. 깃털 고유의 오일 성분과 부드러운 헤어가 정전기를 발생시켜 사용 시 먼지가 날리지 않게 도와준다. 총길이 70㎝ **rooming**

시즌에 관계없이 언제나 인기 아이템인 도나윌슨의 Rainy Day Mini Blanket은 소파 위에 걸쳐두거나 쌀쌀할 때 무릎 담요로 활용할 수 있다. 95×62㎝ **hpix**

강가의 조약돌을 모티브로 디자인된 Woolen Soap은 순수 울 소재로 이루어진 펠트 속에 비누를 넣어 만든 수제품이다. 7×10×4㎝ **rooming**

의자와 소파 등 다양한 곳에 멋스러운 연출이 가능한 Organic Sheep Skin. 아이슬란드 청정구역에서 자유롭게 자란 양들의 털이 사용되었다. 110×70㎝ **rooming**

바람 따라 움직이는 조각품
MOBILE

커다란 창을 통해 상쾌한 바람이 불어온다. 바람을 따라 움직이며 집 안까지 화사하게 만들어줄 멋진 모빌을 소개한다.

Kites는 이름 그대로 하늘을 날고 있는 연의 모습을 연상케 한다. 무엇보다 입체감을 잘 살린 제품으로 컬러는 그린과 블랙 두 가지다. 90×35(㎝) **ars**

뉴욕 구겐하임(Guggenheim) 미술관과 덴마크 Flensted社가 함께 만든 모빌로, 실제 건축물처럼 작은 창을 통과하는 빛이 방 안에 멋진 실루엣을 만들어낸다. 50×38(㎝) **ars**

Engel社에서 가장 인기 있는 허니콤(Honeycombs)을 모아 모빌로 제작했다. 장식용으로 사용하거나 특별한 날 분위기를 업시켜줄 수 있는 제품이다. **hpix**

숲 속의 새들을 그대로 옮겨놓은 듯한 songbirds 모빌. 독일 브랜드 SNUG 제품으로, 컬러풀한 새들이 무료했던 집 안 분위기를 활기차게 바꿔준다. 13×5.7×40.5(㎝) **hpix**

Floating Fish는 소나무를 하나하나 깎아 정성들여 만든 핸드메이드 제품으로, 덴마크 Flensted Mobiles社에서 제작하였다. 40×40(㎝) **rooming**

흐름, 형상, 색채의 운동을 종합한 연출이 음악의 리듬처럼 아름답고 돋보인다. 여러 개의 부품이 연속적으로 연결되어 균형을 이룬다. 30×45(㎝) **rooming**

싱그러움을 담은 꽃병
VASE

집 안에 들인 꽃이 싱그러운 향기를 더해준다. 꽃 하나만으로도 충분하지만, 이를 더욱 돋보이게 해줄 디자인 입은 꽃병이 있다.

일본에서 디자이너로 활동하고 있는 Yuko Tokuda에 의해 제작된 Outline Vase. 이름 그대로 꽃병의 가장자리만 본 뜬 모습이 인상적이다. H24×W17×D7(㎝) **MoMA**

덴마크 토털 리빙 브랜드 Blooming ville의 Pink Glass Vase는 눈에 띄는 컬러로 공간을 화사하게 변신시킨다. H25 ×15(㎝) **whimsy**

독일 SNUG社에서 디자인한, 직접 접어서 만드는 DIY 제품. 기하학적인 모양으로 간단하게 조립하여 꽃병에 씌워주면 예쁘지 않던 꽃병도 멋스럽게 재탄생된다. **hpix**

Omaggio Vase는 브러시로 칠해진 굵은 스트라이프 패턴이 특징인 꽃병이다. 덴마크 브랜드 Kahler 제품. W19.5× H30.5(㎝) **rooming**

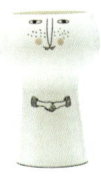

꽃병 전면의 칠판에 그림을 그리거나 메시지를 써 넣을 수 있도록 디자인한 Chalkboard Vase. D14×H20.3× W20.3(㎝) **MoMA**

Meyer Lavigne이 만든 세라믹 소재의 꽃병. 유쾌하고 장난기 넘치는 캐릭터 여섯 종류가 있다. 이 제품의 이름은 Flower me happy pot Frede. D9×H15(㎝) **rooming**

BOOKEND

서재나 책상 위 책들을 가지런히 정리할 때 유용하게 사용되는 북엔드(Bookend). 넘치는 개성으로 곳곳에서 존재감을 드러내는 북엔드 제품을 모았다.

책이 금방이라도 무너져 내릴 것 같은 Falling Bookend. 이스라엘 ARTORI DESIGN의 제품으로 책표지를 끼워 기대면 고정할 수 있다. 18×12×11.5㎝ **ARTBOX**

Pushing Men Bookend는 건장해 보이는 남자 두 명이 책들을 든든하게 잡아준다. 묵직한 무게감이 느껴지는 만큼 큰 책도 문제없다. 22.9×11.5×20.4㎝ **KIKKERLAND**

파일 및 잡지, 책 등을 깔끔하게 정리하는 데 유용한 Indice Bookends. 여러 색상의 인덱스로 원하는 책을 쉽게 찾을 수 있다. 21×20×10㎝ **MoMA**

스탠드와 북엔드, 두 가지 역할을 동시에 하는 Leti Table Lamp. 이탈리아 브랜드 Danese Milano 제품으로 사이즈는 Small, Large 두 가지다. **rooming**

장난감 군인으로 만들어진 Toy Soldier Bookend. 2개 한 세트로, 위트 있는 디자인이 눈길을 끈다. 서 있는 군인 7×6.4×17.8㎝, 앉은 군인 8.9×7×14㎝ **WIZWID**

영국 디자이너 Daniel Black과 Martin Blum의 James The Bookend. 발바닥에 스테인리스 스틸 판이 있어 책이 밀리지 않도록 견고하게 버텨준다. 20×15×3㎝ **10X10**

Design Mirror

거울은 밋밋한 벽에 생기를 불어넣어줄 마법의 아이템이다. 감각적인 디자인으로 똘똘 뭉친, 거기에
실용성까지 겸비한 거울을 준비했다.

디자이너 Karim Rashid가 가구회사 B-line과 협업하여 제작
한 OSKAR Mirror. 수납과 후크 기능을 가진 독특한 디자인
의 벽거울이다. 40.5×13.5×50(cm) **rooming**

Wall Wonder Mirror는 헥사곤 모양으로 3등분되어 오른쪽
2개의 공간에는 선반이, 왼쪽에는 거울이 부착되어 있다. 덴마
크 Ferm Living 제품. 60×50(cm) **hpix**

뒷면 스탠딩 부분이 커다란 클립 형태로 되어 있어 용도에 따
라 세워 놓거나 부착해 사용할 수 있는 Kali Magnifying
Mirror. 16.5×10.5×16.5(cm) **KOBALT SHOP**

Mirror & Hook은 고리와 거울을 결합한 제품. 아치형으로
구부러진 프레임은 나사못을 가려주어 깔끔하고, 물건을 걸어
두기도 편리하다. 19×25×7(cm) **MIAE DESIGN STUDIO**

민트그린 컬러가 산뜻함을 더해주는 Shapes Mirror는 디자
이너 Sylvain Willenz가 제작한 것으로, 덴마크 브랜드 HAY
社 제품. 100×0.8×64.2(cm) **innometsa**

Normann Copenhagen의 Reflect Mirror. 가장자리에 색
을 입힌 심플한 디자인이 시선을 사로잡는다. 사이즈는 S와 M
으로 나눠져 있다. 40×50×2.5(cm) **innometsa**

초를 빛나게 하는 조력자
Candle Holder

찬 기운이 느껴지는 저녁, 조용히 분위기를 내고 싶을 때 켜두는 캔들 하나. 그런 캔들을 더욱 빛내줄 디자인 캔들 홀더가 있다.

디자이너 Stephen Johnson이 동물들을 주제로 원더랜드를 표현한 캔들 홀더다. 영국의 골동품 시장에서 발견한 오너먼트를 이용해 제작되었다. Ø10×H30.5㎝ **rooming**

Normann Copenhagen의 Flag Candle Holder로, Gold, Brown, Silver, Coral, Yellow 5가지 컬러는 아늑한 공간을 연출해준다. Ø10.3×H9㎝ **feel scandic**

라임과 단풍나무로 만들어진 볼을 연결해 완성한 재미있는 모양의 캔들 홀더 String. 사탕 목걸이 같은 볼에 4개의 초를 꽂을 수 있다. Ø8×H17㎝ **J'aime blanc**

서로 다른 모양과 색상의 나무 조각을 끼워 완성한 candlestack. 자신이 원하는 스타일대로 조합해, 다양하게 만들어 볼 수 있다. Ø15×H34㎝ **rooming**

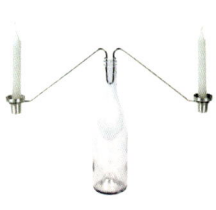

CANDLOOP는 빈 병을 활용한 아이디어 제품이다. 어느 곳에 두어도 멋스러운 분위기를 연출할 수 있는 캔들 홀더가 완성된다. Ø4×47×H11㎝ **rooming**

심플한 디자인과 세련된 컬러 조합이 돋보이는 캔들 홀더 Tippetop. 2개의 피스가 겹쳐진 형태이지만, 각각 사용해도 무방하다. 13×12.2㎝ **hpix**

Flower Printed Item

플라워 프린트의 소품으로 공간에 포인트를 주는 건 어떨까? 로맨틱하면서도 화사한 분위기를 집 안 가득 연출해줄 인테리어 아이템을 제안한다.

프랑스 미미루(mimi' lou)社의 종이 램프 전등갓. 펜던트 조명 위에 설치하거나 창가가 있는 천장에 부착하면 귀엽고 사랑스러운 인테리어 효과를 연출할 수 있다. **8colors**

스웨덴 브랜드 Aveva Design 제품으로, 빈티지한 느낌과 북유럽 특유의 감성이 묻어나는 개성 있는 디자인이 주방에 활기를 불어 넣어 준다. Ø31㎝ **hpix**

하얀 바탕에 꽃이 핀 Poppy Meadow Butter Dish. 자연에서 얻은 모티프와 경쾌한 컬러가 세련된 테이블 세팅을 도와준다. H7.5×W12×D20(㎝) **rooming**

프랑스 디자이너 Nathalie Lete의 디자인 시계. 디자이너의 감각이 그대로 반영된 밝고 화사한 일러스트레이션이 돋보인다. 18×25(㎝) **hpix**

파리, 런던, 스칸디나비안 스타일이 믹스된 유니크한 테이블매트. 브런치를 위한 장식용, 손님 초대용 상차림에 매치할 수 있다. 38.2×29.2(㎝) **hpix**

프로방스풍의 꽃들이 화사하게 그려진 쿠션 P.Botanical. 캔버스 위 수채화처럼 은은하게 퍼지는 프린트는 어느 공간에서든 근사한 아이템이 된다. 50×50(㎝) **Ehebett**

집 안에 들인 작은 동물원
Animal Motive Item

벽에 걸린 부엉이 시계, 바닥에는 코끼리 러그. 우리에게 친근한 동물 모티브의 아이템을 소개한다. 이제 일상 속에서 귀여운 동물 친구들을 만나보자.

코끼리 모양을 그대로 본뜬 깔끔한 핸드메이드 러그. HEY-SIGN 제품으로 따뜻하고 포근한 울 소재로 만들어졌다. W100×D76×H0.5(cm) **innometsa**

디자이너 Nathalie Lete의 디자인 행거. 프렌치 감성과 스타일이 묻어나는 고양이 일러스트레이션이 돋보인다. 41×42(cm) **hpix**

Ero Amio가 디자인한 귀여운 오리 모양의 타이머. 심플하면서도 오브제의 느낌을 가진 디자인으로, 실용성과 장식성을 모두 갖췄다. 9.8×13(cm) **rooming**

디코이랩(Decoylab)의 애니멀 시리즈 Buddy Owl Wall Clock은 친환경 소재로 만들어진 저소음의 제품이다. 20×26(cm) **hpix**

블랙 컬러로 세련미를 더한 당나귀 모양의 책꽂이 donkey. '브레멘 음악대' 이야기를 모티브로 견고하게 제작되었다. W120×H90(65)×44(cm) **TEMI**

토끼 형태를 한 편안한 빈백으로, 100% 핸드메이드 국내 생산 제품이다. 뒤쪽 꼬리 부분은 빈백이 넘어가지 않도록 지지대 역할을 해준다. 60×74×90(cm) **Rabito**

지금은 청소할 시간
Cleaning Item

집 안 구석구석을 깨끗하게 청소하는 것도 모자라, 그냥 두는 것만으로도 멋진 오브제가 되는 개성 강한 청소 도구가 있다.

Ole Jensen이 디자인한 제품으로, 폴리프로필렌 소재의 쓰레받기와 너도밤나무로 만든 빗자루가 함께 조화를 이루었다. **rooming**

화장실 분위기를 바꿔줄 화장실 청소 솔과 보관함. 체리 모양을 한 꼭지 부분을 잡아당기면 숨어 있던 솔이 나타난다. 솔 38.5㎝, 보관함 15×13.5㎝ **pylones**

QUALY 제품으로, 어떤 공간에도 잘 어울리는 캔 모양의 휴지통이다. 깔끔한 디자인은 장식용으로 사용하기에도 모자람이 없다. 25×46.4㎝ **pylones**

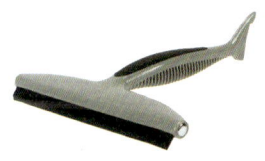

밀착형 와이퍼가 장착된 위트 있는 유리닦이. 한손에 잡히는 아담한 사이즈로, 유리창뿐 아니라 욕실과 주방에서도 사용 가능하다. 21×22㎝ **1300K**

공작새를 연상시키는 산뜻한 컬러의 제품. 빗살 끝부분이 얇게 갈라져 있고, 크기가 작아 모서리나 좁은 공간에서도 유용하게 사용된다. **1300K**

청소할 때 꼭 하나쯤 필요한 Sceltevie 바스켓. 싱그러운 연두빛 컬러에 주름 디테일과 손잡이를 더하여 경쾌한 느낌을 살렸다. **dansk**

한 해를 부탁해
Calendar

한 해 동안 함께해 줄 달력을 준비했다. 평범하지 않은 디자인으로 또 하나의 인테리어 아이템이 되어 줄 달력 컬렉션.

Paul Koh가 전기모터에서 영감을 받아 디자인한 회전달력 Spindle Perpetual Calendar. 내장된 자석의 힘을 이용해 손쉽게 회전시킬 수 있다. H10×D5(㎝) **MoMA**

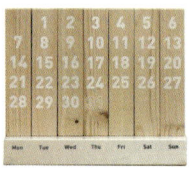

천연나무의 질감을 그대로 느낄 수 있는 M3-Wood Calendar. 한 달 주기로 나무의 위치를 바꿔 영구적으로 사용할 수 있다. W24.5×H10.5×D7(㎝) **munito**

Eternal Year Calendar는 수동으로 설정하는 아날로그 타입의 달력으로, 비석을 상징하는 디자인은 존재감 있는 인테리어 소품이 된다. W11×H12×D6(㎝) **Goody Grams**

Gideon Dagan이 1998년에 디자인한 오리지널 형태에서 사이즈만 줄인 새로운 버전으로, 벽걸이나 탁상용 달력 두 가지로 연출 가능하다. W32.3×H22×D7.6(㎝) **MoMA**

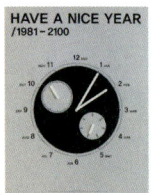

HAVE A NICE YEAR 달력은 '초, 분, 시, 일, 월, 년'이라는 시간의 단위를 종이 한 장에 담은 기발함이 돋보이는 제품이다. 52×66.8(㎝) **COOL ENOUGH STUDIO**

너도밤나무로 만들어진 달력 Calendar Stationery Box. 달력을 위로 올리면 나타나는 비밀 공간에 소중한 물건을 보관할 수 있다. W15.3×H16.2×D3(㎝) **baobabdesign**

종이로 만든 소품열전
PAPER DIY ITEM

손재주가 전혀 없는 사람도 쉽게 할 수 있는 DIY. 훌륭한 오브제를 완성할 수 있는 종이 소품들이 등장했다. 친절한 설명서대로 조립만 하면 끝이다!

만들기도 쉬워 스스로 조립하는 재미까지 느낄 수 있는 Deer Head Object. 홈 데코 오브제로도 손색없는 디자인이 돋보인다. W30×D48×H48(㎝) **THE FAB**

달력 형태의 LED 조명인 page by page lamp. 페이지를 한 장씩 넘길 때마다 새로운 그래픽으로 연출할 수 있어 멋스럽다. **TUNAPAPER**

하얀색 재활용 보드지로 만들어진 Casa Cabana는 접었다 폈다 하기 쉽고 조립 방법 또한 간단한, 아이들이 좋아하는 아이템이다. 70×70×105(㎝) **rooming**

네덜란드 kidsonroof社의 Totem Birds on Tree. 아이에게 많은 종류의 새를 알려주는 학습기회를 제공하고자 제작되었다. 70×60×60(㎝) **kobaltshop**

일본식 종이 접기에서 영감을 받은 페이퍼 재질의 조명으로, Studio Snowpuppe에서 디자인했다. 특수 재질의 종이로 만들어져 입체적인 조형미를 살렸다. Ø20×H20(㎝) **hpix**

심플한 모양의 무브먼트는 조립 과정도 간단하다. 원하는 그림을 그려 넣으면 개성 넘치는 나만의 시계를 만들 수 있는 제품이다. 19×6×25(㎝) **FunnyPaper**

집에서 즐기는 피크닉
Outdoor Decoration

아웃도어 아이템에 대한 관심이 높아지고 있다. 발코니에서의 느긋한 한때를 보내고 싶다면 이 제품들에 주목하자. 이제 집에서도 여유로운 피크닉을 즐길 수 있다.

가구디자이너 Lorenza Bozzoli가 DEDON과 함께 디자인한 흔들의자. 컬러가 다양하고, 최소 프레임으로 제작되어 가벼우니 이동 및 수납도 용이하다. **kiasha**

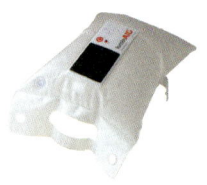

공기 주입식 태양빛 충전 등불인 LuminAID는 5시간 정도 햇빛에 충전한 후 공기를 불어넣어 사용하는 아이디어 제품이다. L30×W20×H12㎝) **rooming**

호주 BASIL BANGS社의 픽셀 패턴 파라솔. 알록달록한 컬러가 공간에 생기를 불어넣어준다. 햇빛의 방향에 따라 원하는 각도로 부드럽고 쉽게 조절할 수 있다. **pimlico**

피크닉 박스 모양의 블랙 수납장은 프랑스 디자인 브랜드 Ligne Roset 제품이다. 전통적인 바느질 상자에서 영감을 받아 제작되었다. **disamobili**

자전거 안장 형태를 한 Sella Stool. 주변에서 쉽게 찾아볼 수 있는 재료를 적극 활용하여 제작하였다. Zanotta 제품. H71×D33㎝) **la collecte**

영국의 전통 덱체어 SOUTHSEA. 4단계 높이 조절을 할 수 있어 편리하고, 발코니뿐 아니라 집 안에 두어도 멋스럽다. **pimlico**

이보다 편할 순 없다
Bean Bag Chair

흔히 'BB Chair' 라고도 불리는 빈백 의자. 커다란 자루 안에 충전재를 채워 넣어 만든 제품으로, 간편하고 실용적이라는 장점을 내세워 최근 소비자들의 큰 사랑을 받고 있다.

fatboy와 marimekko社가 합작해 만든 제품으로, 충전재로 폴리프로필렌과 폴리우레탄을 함께 넣어 착석감이 뛰어나다. 140×180(㎝) **design tono**

털 빠짐없는 부드러운 극세사 원단으로 포근함을 더했다. 복원력이 우수하며, 한 손으로 들고 이동이 가능할 만큼 가벼운 것이 특징이다. 130×180(㎝) **poog**

영국 브랜드 엠비언트라운지의 Butterfly Sofa. 기존 제품에서는 볼 수 없었던 높은 등받이와 팔 받침은 몸을 편안하게 해준다. 80×80×95(㎝) **ambient lounge**

이탈리아 essent'ial의 암체어로, 100% 리사이클 패브릭으로 제작되었다. 지퍼가 달린 커버에 작은 스티로폼 볼을 가득 채워 완성했다. 70×70×80(㎝) **J'aime blanc**

편하게 이동하면서 앉을 수 있는 실용적인 빈백 스툴. 가볍고 푹신하며, 화려한 패턴은 어떤 공간에서도 잘 어울릴 수 있다. 45×45×45(㎝) **loh. ft**

atboy의 Buggle-Up 체어. 내부뿐 아니라 야외에서도 사용할 수 있어 활용도가 높다. 심플한 디자인과 다양한 컬러로 만들어졌다. 140×190(㎝) **design tono**

나무의 매력
Wood Furniture

나무 소재 가구로 따뜻한 감성의 인테리어를 완성해보자. 포인트는 오래 둘수록 멋스러운, 꾸미지 않은 듯한 소박함이다.

01
—

02
—

03
—

04
—

05
—

06
—

07
—

08
—

09
—

— **01** 산업디자이너 Cecilie Manz가 디자인했고, 덴마크 디자인상을 수상한 테이블이다. 경첩이나 나사를 사용하지 않고도 조립이 가능해 누구나 쉽게 만들 수 있다. **wellz** — **02** 클래식한 모티브와 현대적인 형태가 조화를 이룬 Nub 시리즈는 스페인 출신의 세계적인 여성 디자이너 Patricia Urquiola의 작품이다. **wellz** — **03** TAF Architect에서 디자인한 WOOD라는 이름의 테이블램프는 소나무(Pinewood)를 사용해 만들어졌으며, 각도 조절이 자유롭다. **innometsa** — **04** Normann Copenhagen社에서 제작한 Block table은 바퀴가 있어 이동이 편리한 사이드테이블이다. **rooming** — **05** Thomas Bentzen이 MUUTO社와 함께 만든 커피테이블. 오크가 주재료로 사용되었으며, 깔끔하게 떨어지는 직선과 우아한 곡선의 조화가 멋스럽다. **innometsa** — **06** 덴마크 디자인 그룹 Komplot가 디자인한 GUBI 3D 스툴은 3차원의 쉘(Shell) 구조로 모서리가 몸에 닿지 않도록 모두 바깥쪽으로 휘어져 있다. **innometsa** — **07** Bloom은 Ceruti Baleri社의 제품으로, 외적인 아름다움과 혁신적인 기능을 합쳐 탄생한 코트 행거다. 가운데의 축을 중심으로 회전이 가능하다. **wellz** — **08** 섬세한 전통 공예와 미니멀한 디자인이 절묘하게 만난 SECTO 4220 Table lamp. 자작나무 특유의 부드러운 색상이 과하지도 부족하지도 않은 느낌을 준다. **innometsa** — **09** 영국 가구브랜드 SCP의 박스컬렉션. 옷걸이, 선반, 거울을 한곳에 결합시켰다. 다섯 개의 코트걸이 후크와 작은 소품을 걸 수 있는 세 개의 후크가 부착되어 있다. **hpix**

내집에서 누리는 나만의 음악
Must Have Music Item

감성 충만한 분위기를 누리는 데 음악이 빠질 수 없다. 이왕 듣는 음악 제대로 감상하고 싶다면 손꼽히는 제품 하나 옆에 두는 건 어떨까. 집에서 음악을 즐기기 위해 꼭 필요한 아이템을 골랐다.

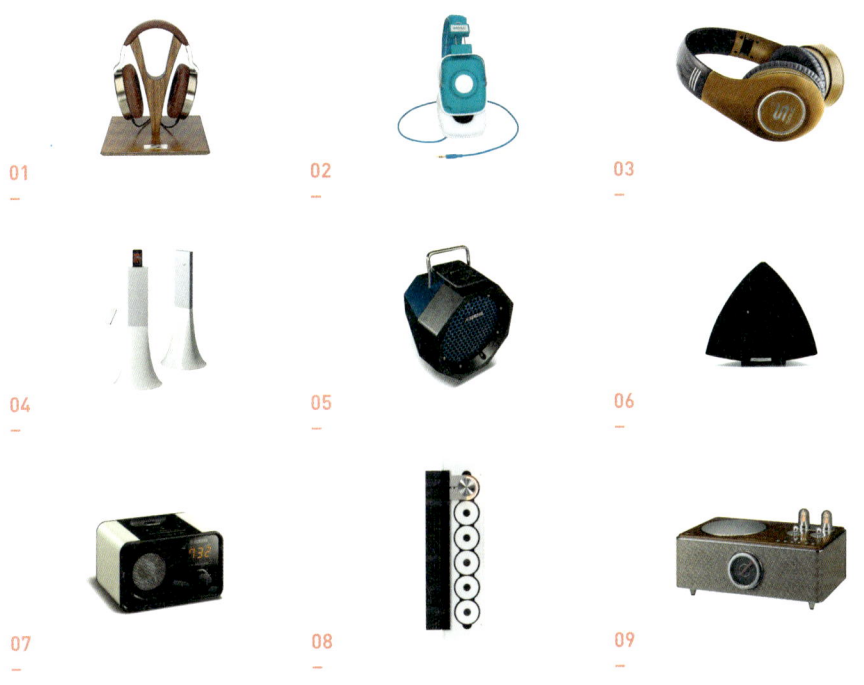

01
—

02
—

03
—

04
—

05
—

06
—

07
—

08
—

09
—

— **01** 울트라손은 Edition10은 알루미늄과 서아프리카산 원목 제브라노(Zebrano), 에티오피아산 양가죽으로 커버한 럭셔리 제품이다. **Ultrasone** — **02** 유니크한 디자인과 컬러가 돋보이는 Maraca 헤드폰. 사각 형태의 이어컵이 패딩 처리되어 있어 귀를 편안하게 감싸준다. **WESC** — **03** SL300은 AAA건전지 2개를 이용해 외부 소음을 반대 위상의 음파로 상쇄시켜주는 노이즈 켄슬링(Noise Cancelling) 기술을 탑재하고 있다. **Soul by Ludacris** — **04** 필립 스탁(Philippe Patrick Starck)이 설계한 프랑스 Parrot社의 무선 스테레오 스피커 Zikmu. 조각 작품 같은 디자인에, 음향도 탁월하다. **Parrot** — **05** PDX-11은 활동적인 라이프스타일에 적합하도록 휴대성에 초점을 맞춰 출시된 제품으로, 단단함과 강인함이 느껴지는 디자인이 특징이다. **YAMAHA** — **06** 피라미드 모양의 독특한 외관을 갖춘 BeoLab 4. B&O 고유의 어쿠스틱 렌즈 기술을 적용한 앰프 내장형의 하이파이 스피커이다. **Bang&Olufsen** — **07** 작은 크기로 어느 곳에나 놓고 사용할 수 있는 야마하의 PDX-13. 기본적인 악람 기능 외에, 다른 오디오 플레이어와도 연결 가능하다. **YAMAHA** — **08** BeoSound 9000은 축음기 시절의 레코드판에서 모티브를 얻어 현대적인 감각으로 재탄생했다. 원하는 스타일대로 변형이 가능해 총 6가지의 배치법을 보여준다. **Bang&Olufsen** — **09** 레트로 오디오 RA26은 아날로그적인 감성 디자인과 스마트 오디오 기능을 동시에 갖춘 제품이다. 여러 종류의 외부 디지털 기기와 공유할 수 있다. **LC**

시원함을 담다
Cool Item

차가운 감촉뿐 아니라 마음까지 편안하게 하는 Steel, 깔끔함으로 공간을 깨끗하게 만드는 Acrylic, 안이 훤히 들여다보이는 투명 소재 Glass로 집 안의 온도를 몇 도쯤 낮춰보자.

01
—

02
—

03
—

04
—

05
—

06
—

07
—

08
—

09
—

— 01 KORBO는 1920년부터 핸드메이드로 제작된 스테인리스 바스켓을 제작해온 브랜드다. 스웨덴에서 생산된 Stainless-wire를 구부려 안전하게 만들었다. **hpix** — 02 Hee Chair는 어느 장소에서도 잘 어울리는 베이직한 의자로, 날씨에 구애받지 않아 실외에서도 사용이 가능하다. W72×H67㎝ **hpix** — 03 페인트가 흐르는 듯, 위트 있는 디자인의 벽걸이 Drop. 가로, 세로 15㎝의 일반적인 타일 사이즈에 딱 맞게 디자인되어, 주방 및 욕실 어디에도 잘 어울린다. **designPILOT** — 04 책이나 잡지 끝에 간단히 세워 사용할 수 있는 Twelve-Degree Bookstand. 여러 개를 더해 놓으면 더욱 많은 책을 보관할 수 있다. **MoMA** — 05 디자이너 D'Urbino-Lomazzi의 Jack Coat Stand. 스틸로 만들어져 무엇보다 튼튼하며, 접이식으로 제작되어 폭 조절이 가능하므로 편리하다. **rooming** — 06 Julian Appelius가 디자인한 Trio. 3개의 원형테이블을 하나로 합쳐 놓은 듯한 재미있는 형태의 사이드테이블이다. 여러 개가 겹쳐져 있어 수납하기에 좋다. **designPILOT** — 07 30×30㎝ 정사각형 박스 형태의 모던하면서도 심플한 시계. 블랙, 화이트, 크롬 실버패널에 시간은 로마자로 표기하였다. **Kartell** — 08 섬세한 레이저커팅 작업이 들어간 거울 Bird. 쉽게 부서지지 않도록 튼튼하게 제작되어, 아이들 방에 장식하기에도 안전하다. **hpix** — 09 컬러풀한 색감을 보여주는 PRILLY Chair. 이중라인의 인체공학적 곡선으로 된 등받이는 편안한 착석감을 제공한다. **Kartell**

10
—

11
—

12
—

13
—

14
—

15
—

16
—

17
—

18
—

— 10 바로크 시대 조명에서 영감을 받아 현대식으로 디자인 된 제품. 형태는 고전적이지만 첨단 소재를 사용해 아름다운 조명이 완성되었다. Ferruccio Laviani 작품. **Kartell** — 11 왠지 식탁 위에 두면 잘 어울릴 것 같은 조명 E' Ceiling Lamp. 투명한 갓을 통해 새어나오는 불빛이 주변을 더욱 환하게 비춰준다. **Chairgallery** — 12 필립스탁의 대표적인 고스트 시리즈 중 Barstool version. 75, 65, 46(cm)의 세 가지 사이즈로 구성이 되어 있어, 필요에 따라 맞게 사용이 가능하다. **Kartell** — 13 위트 가득한 오버사이즈 코르크와 글라스가 결합된 CORKY Carafe. 코르크 뚜껑이 큼직해 웬만해선 뚜껑을 잃어버릴 염려도 없을 것 같은 재미있는 물병이다. **rooming** — 14 핀란드 디자이너 Oiva Toikka의 Kastehelmi Candleholder. 물방울이 맺힌 듯한 디자인이 투명하고 시원하다. Ø 64mm, 컬러는 8가지. **rooming** — 15 파비오 노벰브레(Fabio Novembre)가 디자인한 ORG 테이블. 자유롭게 휘어져있는 폴리프로필렌 로프 다리 위에 투명 유리 선반을 얹어 완성했다. **Milano Design Village** — 16 Isamu Noguchi의 Noguchi Coffee Table. 가장자리에 광택을 낸 자유로운 형태의 판유리, 흑단 색의 월넛을 깎아 만든 두 개의 다리로 구성된다. **MoMA** — 17 투명한 유리 속에 또 하나의 원형 유리가 들어가 있어 신선한 느낌을 주는 FOUR Flower Vase. 그린 컬러는 포인트가 되어 준다. **hpix** — 18 깔리가리스가 이탈리아 유명 자동차 디자이너인 Pininfrina와의 콜라보레이션으로 만든 Orbital Table. **Calligaris**

실용적인 주방 아이템
For Your Kitchen

주방 분위기를 바꾸고 싶지만, 왠지 큰 공사가 되어버릴 것 같은 기분에 늘 망설이게 된다. 하지만 테이블 매트나 컬러풀한 접시와 같은 사소한 아이템만으로 주방을 산뜻하게 변화시킬 수 있다는 사실! 오브제로도 손색없는 실용적인 주방 아이템으로 요리에 재미를 붙여보자.

01
—

02
—

03
—

04
—

05
—

06
—

07
—

08
—

09
—

— 01 선인장(Cactus)이라 불리는 이쑤시개 통. 상단을 누르면 마치 선인장의 가시처럼 이쑤시개가 나온다. John Brauer가 디자인했다. 55×110(㎜) **rooming** — 02 부드러운 고무재질의 캐처(Catcher)가 포함되어 있어, 과즙을 추출할 때 씨나 과육을 손쉽게 걸러낼 수 있는 레몬짜개. 16.6×8.7×6.8(㎝) **JosephJoseph** — 03 스웨덴 건축가이자 디자이너 Jonas Wagell의 Bulky Tea Pot. 유니크한 컬러가 단조로운 주방에 포인트가 되어준다. 15(23)×21(㎝) **innometsa** — 04 축구선수의 모습을 한 피자커터기 Match' O. Crescioni Vanina의 재미있는 디자인이 시선을 끈다. 거치대가 있어 보관하기 편리하다. 20×8(㎝) **pylones** — 05 Normann Copenhagen社의 Washing up bowl. 고무 재질이라 원하는 모양으로 손쉽게 바꿀 수 있다. 컬러는 6가지. D28×L28×H14(㎝) **rooming** — 06 다양한 사이즈의 계량컵과 믹싱볼, 채와 여과기 등으로 구성되어 있다. 음식 조리뿐 아니라 베이킹에서도 유용하게 사용할 수 있다. **JosephJoseph** — 07 덴마크 디자인회사 Muuto에서 제작한 HANG AROUND Cooking Set. KiBiSi가 디자인하였으며, 북유럽의 스타일이 묻어난다. L28.4㎝ **hpix** — 08 Fruity는 과일을 담아 놓을 수 있는 바구니다. 과일을 씻을 때도 유용하다. 디자이너 Charlotte Arvidson의 작품. H30×29.8(㎝) **innometsa** — 09 빵을 보관할 수 있는 스토리지 아이템 Bread Bin. 뚜껑은 뒤집어 도마로도 사용할 수 있게끔 디자인되어 더욱 실용적이다. 36×18×21(㎝) **JosephJoseph**

10
—

11
—

12
—

13
—

14
—

15
—

16
—

17
—

18
—

— **10** Alvar Aalto 컬렉션으로 잘 알려진 iittala의 Woden Tray. 부드러운 곡선을 잘 살려, 예술작품 같은 느낌이 든다. D21×W25.7(㎝) **nordicpark** — **11** 나무배의 구조에서 영감을 받아 탄생한 Frame Bowl. 휘어진 나무조각들이 매력적이다. VE2에 의해 디자인되었다. Ø26×H10.5(㎝) **hpix** — **12** 핀란드 Tonfisk Design의 WARM 티 포트. 새하얀 주전자를 얇은 나무로 감싸, 손의 마찰과 보온성을 고려하여 제작하였다. D10×H28.5(㎝) 1.1ℓ **hpix** — **13** 에펠탑을 쏙 빼닮은 강판 Rape Tour Eiffel. Crea Crea 가 디자인하였으며, 성능뿐만 아니라 장식용으로도 손색없는 아이템이다. 17×28.5(㎝) **pylones** — **14** 치마를 입은 여인을 연상시키는 강판 NANA. 두 종류의 칼날로 이루어져 있으며, 받침 지지대가 있어 잘 밀리지 않는다. 11.5×23(㎝) **pylones** — **15** Philippe Starck이 디자인한 Juicy Salif. 마치 UFO처럼 생긴 독특한 모습으로, 20세기 최고의 디자인 중 하나로 인정받은 제품이다. 29×14(㎝) **Alessi** — **16** 바퀴가 달린 소금 후추 통으로, 살짝 밀어도 식탁 위를 굴러가 다른 사람들에게 건네질 수 있는 재미있는 특징을 가지고 있다. 2개 1세트. **MoMA** — **17** 국수를 삶거나 야채를 물로 씻을 때 편리한, 플라스틱 스테인리스 소재의 국수채 그릇. 샐러드나 초밥을 만들 때도 유용하다. 28×24(㎝) **pylones** — **18** 간단한 동작만으로 접고 펼 수 있어, 공간 활용 면에서 탁월한 접이식 사각 강판. 잠금 클립을 풀어 다양한 음식재료를 갈 수 있다. **JosephJoseph**